我读过他们的脸

杨小彦 著/绘

文化藝術出版社
Culture and Art Publishing House

序

一

2020年寒假，杨小彦照例回到温哥华的家里，等待春天的到来。谁也没有想到，那个假期会如此冗长。帕斯卡说，人的不幸皆源于不懂得安安静静地待在屋子里。整个春天和接下来的季节，我们待在屋子里，像一座座孤岛，等待世界变好。大约从2月中旬起，小彦陆续在微信朋友圈发布他的钢笔肖像和文字，我是最早关注的几个人之一，而他能够积成一本书的规模，却是我始料未及的。

这些图文起初是漫不经心的，仿佛一个百无聊赖的人随便把手伸出窗外，看看会触碰到什么。第一个遇见的人是雨果。小彦谈起雨果的《巴黎圣母院》和《九三年》，不知为何漏掉了《悲惨世界》。20世纪80年代，我们透过文字和影像看见西方世界的时候，雨果的作品是十分显眼的。《悲惨世界》中善良而不幸的冉阿让、芳汀，仁慈的米利埃主教，冷酷的沙威警长，珂赛特和马吕斯的爱情，起义者的街垒战……差不多塑造了我们关于西方的历史想象。电影里冉阿让背着受伤的马吕斯穿过下水道的情景让人印象深刻，它似乎要告诉我们，在现实世界的下面还有一个阴暗、潮湿的世界，适时进出这座迷宫，可以改变人类的命运。数年之后,我读到尼采的一段文字:"德意志人的心灵有进入自身的一些通道和长廊,在它之中有洞穴、隐蔽所和城堡地牢;它的混乱有许多神秘迷人的东西,德意志人很好地了解通向混乱的秘密的路径。……德意志人喜欢云彩和一切模糊的、生成中的、朦胧的、潮湿的和隐蔽的东西,对他来说,似乎一切不确定的东西、未展开的东西、自我移动的东西、生长着的东西都是'深刻的'……"我想到的是巴黎的下水道。

　　如此奇怪的联想对于我们这代人来说是心照不宣的,有时也决定了我们思想和表达的基调。我们一辈子的努力其实都在和此类教化做斗争。所以,读小彦这本回顾自己阅读与观看历史的小书,我实在感慨得很。感慨之一是,我们早已过了知命之年,可是离"众里寻他千百度,蓦然回首,那人却在,灯火阑珊处"的境界似乎越来越远了。感慨之二是,王国维尝言他24岁自日本病归后"遂为独学之时代",而我辈虽然受过系统的教育,然若说对宇宙人生稍有领悟的话,亦全凭独学。在我看来,这是一本叙述个人独学经历的书,作者想告诉我们他怎么成了现在的样子，为何用这般眼光打量世事人心。

这本书描画了一些边缘人和边缘事。

边缘人是难以界定的。在正经的历史叙述中被忽略的人可以算作边缘人，比如李金发、邵洵美、施蛰存。不过，在喜欢猎奇的时代，这些人的逸事乃至隐私已经不是秘密了，而小彦关注他们是基于自己一贯的历史兴趣。其实，小彦唯一在意的边缘人是廖冰兄。"文革"结束后，廖冰兄画了一幅《自嘲》，画的是禁锢思想的坛子打破了，而坛中人依然保持着佝偻的姿态和服罪的表情，题曰："四凶覆灭后写此自嘲并嘲与我相类者。"十一届三中全会召开20周年之际他重绘此图，并题曰："十年浩劫后作此自嘲并嘲与我相类者。"小彦为此写道："《自嘲》几乎是每一个有基本反思能力的国人的自画像，而不独廖冰兄自己。""我的意思是说，廖冰兄画再多的漫画，也就是一个优秀的漫画家而已。但凭这一张，足以奠定他在漫画界乃至艺术界的不朽地位。"

在边缘处做文章是20世纪80年代读书人的遗风，其目的是要在正史之外另辟一片自由的天地，所谓"于无声处听惊雷"。于是，作者发现，提倡闲适的林语堂一生操劳，从来没有真正地闲适过，而愤世嫉俗的萨特其实挺优雅的；乔伊斯的眼珠特别突出，大概是一个总爱唠叨的人；辛格目光如炬，应该对世俗生活有敏锐的洞察力和深刻的批判性；徐志摩像一只不动声色的猫，轻轻地来了，又悄悄地走了；纳博科夫以研究昆虫见长，而《洛丽塔》就是他心中飞出的一只不断变异的蝴蝶。这些文字为图像做了简洁的注解，不多不少，而且并非闲笔。事实上，作者更关心"意外"或"例外"，试图在某个冲突的情境中思考人生和艺术的悖谬：加缪死于一场偶然的车祸；卢卡契在被入侵的苏军押上囚车的一瞬间突然理解了卡夫卡；艾略特定义了4月，他耽溺于古典世界，发现了文明的绝境；帕斯捷尔纳克定义了2月，他把文学理解为痛哭；川端康成所描绘的禅境背后是一个神经质的世界；福柯关于疯狂史的论述有趣而残忍……也许最让作者难以释怀的是费耶阿本德的绝望。费耶阿本德1940年参加纳粹军队（博伊斯也是在这一年入伍的），1945年从苏联撤退时被子弹击中脊骨，终生残疾。小彦怀疑费耶阿本德的极端哲学与他的身体疼痛有关。费氏晚年写的一本书叫作《征服丰富性》，小彦对此评论道："为了理性地思考，他吞下了无数的止痛药，然后写下了对于丰富性的全身心渴望。""……这一丰富性，除了艺术，还能是什么？"而作者没有提到的博伊斯则把自己的伤残经历传奇化，扮成神一样的人物，从而将随便一块木头、一堆油脂、一个动作搞得有声有色。博伊斯的艺术是理性还是非理性？

小彦在书里描绘了一群科学家和科学哲学家——普朗克、爱因斯坦、波普、库恩、拉卡托斯、费耶阿本德，此外还有一些明显带着科学主义倾向的哲学家和心理学家。小彦向来对科学主义思想情有独钟，而他的本行是艺术，在他看来，二者并不矛盾。总体而言，小彦的艺术实践和艺术研究是重"理"而轻"情"的，他不容易被"情感""理想"之类的东西打动，除非它们能够还原成实实在在的道理。所以，在艺术上他特别在意作品本身的性质，在理论上特别看重论断的可检验性与解释效力。小彦对艺术研究界动辄大谈海德格尔、拉康、福柯的做法不以为然，却为贡布里希备受冷落鸣不平。贡布里希是把科学主义方法运用于艺术研究的典范。小彦画了两幅贡氏肖像，一幅是儒雅的学者,一幅是诚恳的教师。小彦认为,贡氏理论有两个特点:一是相信常识,拒绝脱离经验的概念;二是把艺术史和艺术教育或艺术学习看作一回事。他甚至觉得贡氏《艺术与错觉》是一本教导人如何作画的书。贡布里希是小彦最倾心、用力最久的理论家,贡氏著作是小彦学术研究的元典。小彦的许多观念都是从这个基地生发出来的,就像贡氏将其渊博的古典修养借波普的证伪主义串联在一起。

总之,这是一本随性的有意思的小书,但并不排除深入的条理连贯的思考。我试举一例。此书第二部分题为"像抚摸真理那样去抚摸物象"。小彦用这句话来形容韦斯顿为摄影艺术赢得的尊严。我们习见的艺术大体都是在描述,"明白的叫故事,高级的叫隐喻,更高级的则叫意境"。为了争取艺术的名分,摄影家不惜用镜头去讲故事、做隐喻、表现意境,结果把摄影本身给丢了。韦斯顿的摄影是对光的分析和呈现,他发现,当镜头只捕捉光照射在物体上的效果时,物象的纯形式构成,物象所隐含的结构,就会显露无遗。"韦斯顿一直都在体察入微地像抚摸真理那样抚摸着物象。这可是一种独特的视觉抚摸,在一瞬间完成，却经历了漫长的岁月。""在丰斯顿看来，物象就是真理，就是摄影之所以成为摄影的全部依据。""视觉抚摸"是一个介乎意识与身体之间的含混的隐喻。在别的地方，小彦谈到了真正的抚摸：罗丹的抚摸和摩尔的抚摸。"罗丹用粗糙的双手仔细地抚摸对象，好让形的细微变化在手中呈现，然后再去塑造。对于罗丹来说，视觉是先导，触摸是让视觉细腻的有效途径。"这是比较传统的视觉与触觉连接的方式。贡布里希《艺术与错觉》一书提到，19世纪末希尔德布兰德发现，构成艺术再现之心像的感觉材料既源于视觉，也源于触摸和运动的记忆，而艺术家的任务就是用明晰的形象，把视觉感受和触摸记忆一并传达出来，让我们能够在心中重构三维的形式，以弥补运动的缺失。贝伦森把这个观念概括成一个美学信条："画家只有把触觉价值赋予视网膜印象才能完成任务。"在小彦看来，摩尔的抚摸是不同的："摩尔对形的体会来自触觉。或者说，摩尔坚定地把视觉裹挟在触觉里，让触觉成为引领视觉前行的向导。""对于摩尔来说，这个触觉不是人之手，而是自然之手。"简言之，罗丹关注的是人或物的形，而摩尔只关注形本身即形的形而上学意味。摩尔的"自然之手是广阔无边的一种空间力量,是从外向内不为人知地塑造万物的一种时间过程"。视觉与触觉、物象与存在、艺术与真理,是小彦近些年十分关注的理论问题,他在不同题材的著述中都做过讨论,此处只是旁及而已。

最后,这是一本严肃的书。与文字的汪洋恣肆相比,作者对图像的处理是极其严苛的,每一幅乃至每一笔都经过仔细的推敲。所以如此,盖因作者相信,绘画是一种理性的行为,是把关于对象的认知用正确的形式表达出来的过程,不允许任何多余的修饰。他所描绘的人物,就我熟悉的而言,其面目与众不同,和流行的趣味毫无关系。

陈剑澜

中国人民大学文学院院长

2021 年 7 月 10 日于北京

序二　　　　　　　　　　另一种阅读史

杨小彦老师将他所阅读和所关注的国内外学人、艺术家画成漫画，并配上妙趣横生的文字，读之时而使人沉思，时而让人捧腹。这样的文图对照，引起我的很多思绪。它让我们得以管窥杨老师甚至杨老师那一代人的阅读史。这当中有些人的著作我也看过，或者至少在中外文化史、哲学史、思想史等通史学习时有所涉猎。但是如果要对这些人物说上些什么，却超出了我的能力，我只能从自己有限的阅读经历中寻找到可能与杨老师对应的部分，同时也回溯一下我们这一代人到底经历了怎样一种阅读史。

与杨老师他们不同，我们这一代人，没有经历"停课闹革命"，没有上山下乡，成长和学习过程完全处于改革开放阶段，没有遭遇什么大的波折，但是细细想来，却也没有多么系统的阅读。小时候，生活在农村的我对读书有着浓厚兴趣，但是可阅读的书籍并不多。语文书很快看完了，就不断地借高年级的语文课本来看，再就是《故事会》及各种各样的"小人书"，很多古代经典小说像《水浒传》《三国演义》《西游记》等，首先便是通过"小人书"来阅读的，另外也不乏一些关于革命年代的英雄故事的内容。

在语文课本中,篇数最多、印象最深的作者要数鲁迅。《少年闰土》中那深蓝天空、金黄圆月下,在一望无际的碧绿西瓜地里手持钢叉刺向一匹猹的少年;《祝福》中"仿佛是木刻似的,只有那眼珠间或一轮"的祥林嫂;《记念刘和珍君》中在追悼会礼堂外独自徘徊的"先生"……有如凝固的画面,历历在目。前不久,不知何故,在微信上竟然跟一个年龄相仿的朋友将《药》中的对白你一言我一语地默写下来:"义哥是一手好拳棒,这两下,一定够他受用了。""他这贱骨头打不怕,还要说可怜可怜哩。""阿义可怜——疯话,简直是发了疯了。""发了疯了。""疯了!"这种对话有如某种暗语,连接的是一个时代的阅读记忆。那时候经常分角色朗读课文,背诵也有点当作好玩,但现在停下来稍一琢磨,便有一种莫名的悲凉从心底涌上来。后来再与鲁迅"相遇",则是因为近现代美术史的研究,他作为新兴木刻的倡导者出现了。

初高中的时候武侠小说风靡,我对古龙那种跌宕起伏的情节及简洁"酷毙"的用语很感兴趣,结果误读了很多署名"吉龙""占龙""古尤"的小说。课外读物除了武侠,也有世界名著,狄更斯、雨果、莫泊桑、巴尔扎克、福楼拜、列夫·托尔斯泰、果戈理、高尔基……最感兴趣的可能是雨果。我着迷于雨果奇崛的叙事手法和人物形象的极端对照,但其实理解不深,并且很受不了他那种章节之间老要跳开再接上的方式。我总是迫不及待地要把故事情节衔接起来,不愿意看那些大篇幅的对于场景和事件背景的陈述。雨果的三部曲被传诵较多的也许是关于宗教桎梏的《巴黎圣母院》和关于社会压迫的《悲惨世界》,有关人与自然搏斗的《海上劳工》则相对少地为人所道及。而我反而更为后者那跟海上风暴和凶恶章鱼斗争的惊心动魄场面所吸引,竟有些欲罢不能。

从考入广州美术学院开始,我便较少看小说之类的"杂书",除了有关美术研究的书,其他学科的读物也大多与自己的专业相关。大一时我对弗洛伊德的精神分析学说产生兴趣,读了几本书以后就总希望用这种方法来解剖一下什么。那时候有门中国文化史的课需要写一篇论文,我就试着用这种方法来分析《金瓶梅》中李瓶儿这个人物所做的三个梦。为什么要选择这一研究对象？一个是因为"性"，另一个则是因为"梦"，自认为很能够对应弗洛伊德的方法。具体的分析当然多凭自己的想象，但是，当时感觉下力颇深，布局谋篇很费了一番思量，这样的经历对我以后的写作也多有助益。

关于哲学，我几乎没有系统地了解过，只是片段性地读过一点。在这当中，福柯可能是被提及最多的人物，但我也没有完整读过他一本书，不过这并不妨碍不少的写作从中受到影响。他的历史"考古"，"从文献逆溯遗迹，解构传统历史的总体、连续性叙事，代之以对本非由有机因果纽带联系起来的话语的非连续表层的后现代描述'档案'，回到断裂、离散的'零度'历史空间"（陈嘉明等：《现代性与后现代性》，人民出版社2001年版，第295—296页），经常提醒我对那些被层层话语建构起来的历史叙事保持应有的警惕。

艺术史方面，最高频率被提到的是贡布里希。这可能与广州美术学院和中国美术学院两所院校的学术渊源有关。范景中先生系统引入贡布里希的著作，对中国艺术界影响甚巨，而广州美术学院的一些师生跟这样的一条艺术史学习脉络紧密相连。

故我刚一入学的时候,就有老师列了贡氏的著作让我们细读。后来,杨小彦老师也反复说到他读贡氏著作时的激动。而我直到现在,对于贡氏也很难系统地去阅读。但有一点,就是他的"先制作后匹配"的理论还是让我体会很深。画家只能画其"所知"而不能画其"所见",他必须先存有一个作为认知结构的"图式",再在表现对象的过程中两相比照,从而"矫正"既有的"图式"。这种说法在众多再现性艺术创作那里可以得到印证。也因为如此,每当那些艺术家和批评家激情澎湃地讲,要如何摒除一切既有框架,让自己的心灵去感受时,我总止不住想笑。

及至后来我将较多的精力投向中国革命美术的研究和策展,与杨老师的交集便越来越多。我曾先后协助李公明老师、杨小彦老师策划关于廖冰兄的展览。虽然我没有写过廖冰兄的专文,但是,《漫画中的胡风批判与20世纪50年代中国漫画的取向——〈关于胡风反革命集团的材料〉与胡风"集团"漫画的比读研究》一文却是因为看了廖冰兄批判胡风的漫画而起。疾恶如仇,对黑暗势力口诛笔伐的廖冰兄,在新中国成立前夕的

XIII

文章中说，这时代"每分钟每秒钟在每一个角落不断的制造罪行，繁殖仇恨，同时也是向漫画工作者的笔底无穷无尽地供给题材，要我们去攻击去暴露"。但我们不愿意保持这个"我们的时代"，而是向往"再找不出一件要攻击的事物，找不到一点漫画题材"的人民的"王朝"。这种表述代表了当时一批左翼艺术家的心声。而1949年之前与之后，他个人艺术经历和人生境遇的变化也颇令人感慨。

同样令人感慨的还有黄新波。他常常被看作革命美术家或现实主义"主流"艺术家，但我在展览和研究当中更多希望探讨的是这样一个个体与时代之间更为复杂而微妙的关系。在新中国成立前，从他那朴拙坚实、深刻表现苦难和迷惘，然而却遭遇批评的油画里，我们可以看到他与西方现代主义的复杂联系。这里面就有格罗兹。我有些惊讶杨老师会画格罗兹。这不是一个我们经常提及的艺术家，但其实对20世纪中国左翼艺术家影响颇多。他早期受表现主义、未来主义影响，后来积极参与柏林达达活动，并组织左翼反战期刊。他以夸张变形的形象、蒙太奇式组合的构图，猛烈抨击资产阶级的罪恶和描述劳工所遭受的无情压迫。但后来他的讽刺绘画因为作品内容不够简单明了，不能表现革命者正面形象和传达清晰的革命信息，而遭到批评。对照起来看，我们不难体会到，在中国左翼阵营当中所发生的艺术倾向和风格的借鉴与批评，与国际左翼及共产主义艺术思潮的波动是一体的。

犹记得我在广东美术馆工作那会，曾经作为"毛泽东时代美术文献展"（邹跃进、李公明、王璜生策划）的策展助理参与组织工作，邀请刚从加拿大回国任教的杨老师撰稿。在前往延安参加研讨会的飞机上，杨老师问我："你们这一代人对毛泽东时代美术感兴趣吗？"因为杨老师看我在关注这一块并写了一些文章。当时我的回答很犹豫，我说自己是感兴趣的，但我似乎不能代表一代人。当我刚到美院当老师，在上中国近现代美术史的课的时候，因为自己的研究兴趣给了革命美术较多的篇章，就有学生提出疑问："老师，你为什么总是给我们看这些红红的画？"这么一句话让我猛然惊醒，当我们将之作为严肃的课题探讨的时候，也许不同代际的人感受并不相同。

杨老师的意思是，他们这一代人对于革命美术的兴趣与其亲身经历有关，而我们来做这个是基于什么？其实我当时也不太说得清楚。但是，多少年过去，现在回看，不管是我们70后还是更年轻的学者、艺术家，也出现了一种对于革命美术的重思浪潮——角度或许不同，但是这种视觉或思想的影响其实又以另一种方式在悄然"生根发芽"。

以上我的陈述，看起来是在述说自己的阅读经历，但提及的人物大都是杨老师书中涉及的。我是在通过杨老师的阅读史来反观自己的阅读史。尽管杨老师说，他的这些图与文也不是真正的"历史"和"精确的研究"，只是一种"个人分析""个人认知"和"个人议论"。我总觉得以前的阅读尽管也很散乱，但是总还能拾掇起某些线索，慢慢回过头便能建立起一个系统。现今网络时代的阅读多是碎片，信息每天奔涌而来，像是没有书架的图书馆，书本散落在各处，很快就随风飘散。往昔的人和物、事与情总是有如幽灵一般闪现，只是再见时，他们又换了一副模样。

胡 斌

广州美术学院艺术与人文学院教授

目录

墨水淹没了二月

雨果的文化眼光 003

安徒生的名声 006

爱伦·坡的鼻子 008

波德莱尔的颓废 011

福楼拜的情感手术刀 013

陀思妥耶夫斯基的文字自杀术 015

偏执的鲁迅 017

由瓦雷里想到了李金发 019

毛姆的初心 022

隔离中想起了茨威格,然后…… 024

伍尔芙拥有不止一个房间 026

出走者乔伊斯 029

卡夫卡的城堡 031

庞德的意象事业 033

是谁抚摸了劳伦斯? 036

周作人的苦况 039

莫里亚克写了你内心深处的一片荒漠 041

四月的艾略特 043

帕斯捷尔纳克用墨水淹没了二月 046

诗人马雅可夫斯基之死 049

林语堂的闲适 051

烈士郁达夫的真性情 053

徐志摩就是一只猫 055

纳博科夫心中飞出了一只蝴蝶 057

川端康成的月亮 059

海明威打碎了自己的脑袋 061

博尔赫斯的迷宫 063

辛格双眼闪烁 065

优雅的萨特 067

施蛰存不聚焦的眼神 069

囚犯、乞丐与贝克特 072

邵洵美公子的绚烂与落难 074

太宰治说：不曾有过什么事情 077

局外人加缪 079

杜拉斯的诱惑 081

自言自语的贝娄 083

孤独的神父索尔仁尼琴 085

张爱玲绝望的灵性 087

昆德拉的不朽 089

虚构的略萨 091

像抚摸真理那样去抚摸物象

杜米埃是一个英雄 095

李斯特的形容词轰炸 097

纳达尔的巴黎工作室 099

多动的迈布里奇 101

马奈的风月之眼 104

罗丹的抚摸 106

贵族图鲁兹-劳特列克的分裂生活 109

施蒂格里茨,绝非摄影家那么简单 111

学霸康定斯基的调色板 113

赖特让流水穿屋而过 116

没有成为艺术家的蔡元培 119

踢不死的马蒂斯 121

罗宾逊的奇异装置 124

消失的文化人朱启钤 126

拉赫玛尼诺夫,他就在身边 129

理性的"儿童画家"克利 132

斯特拉文斯基的祭品 134

空洞的莫迪利亚尼 136

"国际主义"战士密斯 138

韦斯顿像抚摸真理那样去抚摸物象 140

撒一泡尿给杜尚 143

住宅机器的设计者柯布西耶 146

伊顿的一把火 148

反摄影的曼·雷 150

敏感者本雅明 152

格罗兹:刻薄是因为愤怒 154

摩尔的自然之手 156

布拉塞的夜之眼 159

关良为何成了大画家? 161

贾科梅蒂的孤独 164

惆怅的梁思成 166

等待枪决的肖斯塔科维奇 169

卡蒂 – 布列松匍匐的身影 171

培根,他很孤独…… 174

卡帕的生与死 176

廖冰兄的自嘲 178

尤金·史密斯有着战士的愤怒与悲悯 181

利希腾斯坦是当代艺术家…… 183

弗兰克尖锐地追问:是你在观看吗? 185

摄影暴力主义者克莱茵 187

沃霍尔,"白痴"还是"天才",这是一个问题 189

让建筑跳舞的盖里 191

居伊·德波的景观革命 193

永远的梦露 195

摄影流浪汉寇德卡 197

拳击动物泰森 199

在时空中踽踽独行

叔本华悲观，王国维自沉 203

尼采的提问 206

可卡因瘾君子弗洛伊德 208

放肆的辜鸿铭与小心的钱锺书 211

保守的普朗克却做了革命的工作 214

智者罗素 217

艺术家荣格 219

爱因斯坦的"天真" 221

伊尼斯在时空中踽踽独行 223

卢卡契的困境 226

维特根斯坦的天才人生 228

海德格尔的双重人格 231

胡适的第一个问题 234

梁漱溟的人生思想 237

被改造的哲学家冯友兰 239

"皮亚杰问题" 241

桐城朱光潜的美学遗憾 244

拉康的"镜像" 246

波普的思想魅力 249

阿伦特洞察真理的三个契机 251

贡布里希只相信常识 253

理解贡布里希的一个关键 256

麦克卢汉唯一的荣耀是,他被抛弃了 259

亲爱的库恩先生,什么是"范式"? 261

拉卡托斯的批判姿态 263

费耶阿本德的绝望 267

福柯的肉身研究 269

乔姆斯基的眼神和发丝 272

托夫勒的冲击 274

热爱白蚁的威尔逊 276

布迪厄的"社会炼金术" 279

史景迁的追问 282

戴蒙德的眼神穿越了一万五千年 285

后记:我读过他们的脸 289

墨水淹没了二月

雨果的文化眼光

VICTOR HUGO，1802—1885

认识雨果是当年看电影《巴黎圣母院》，对剧中浪漫主义式的对比留下了深刻的印象。美与丑、善良与邪恶、沉稳与轻佻、宽容与残忍，经过作者的描写，演变为富有魅力的故事，通过戏剧化的演绎，巧妙地编织成为入眼的历史。在那个缺乏西方电影的年代，有这些个因素就足以吸引一代人的眼光。

如果不了解曾经发生过的事实，还真以为法国历史就是这样浪漫的。

雨果的小说我其实只读了一本《九三年》，情节充满了巧合，一场轰轰烈烈的大革命，落实为人性的爱与恨，以及信仰与亲情之间不留情面的冲突。

偶然翻阅与《九三年》有关的历史背景：发生在法国大革命期间著名的旺代叛乱，共和军与保皇军的生死对峙，实际的残酷，远超过文学的想象！叛乱之前对在押囚犯和教士的无差别屠杀，战争中对旺代一带的平民灭族式的屠杀，包括其中的处死手段，让我们对法国人的作为难以置信。显然，历史和浪漫主义根本就没有关系。

《巴黎圣母院》的另一个文化主题，我到是很多年以后才有所领悟,那就是通过对废墟般的古代建筑的赞美,以及对印刷术即将席卷古典时代的文化预见,见证了雨果本人并不是一个像大仲马那样的纯粹小说家,他的文化眼光超越了他所生活的那个时代。

为雨果留下精彩照片的是大摄影家纳达尔。纳达尔还拍下了雨果的遗容,这在摄影史上也算是一件重要的事件。为什么?人们有兴趣可以自己去查阅。

电影中有一个细节我直到今天都没有忘记:当乞丐王国的人们在诗人葛林果的鼓动下群情激昂地去拯救他们的姐妹、吉卜赛女郎爱斯梅拉达时,有人发现诗人正扒在一根柱子上大声疾呼,于是问他:你在干什么?诗人一愣,回答说:我留下来为你们写史诗!

真是一语道破了文人的德性。雨果不就是那个写史诗的人吗?

安徒生的名声

HANS CHRISTIAN ANDERSEN，1805—1875

全世界的儿童都知道安徒生！

这大概和父母有关系。父母常把安徒生的故事讲给孩子们听，把他的书拿给孩子们阅读。在他们看来，安徒生的书就是儿童的枕边书。所以，父母要比孩子们更早地知道这个叫作安徒生的作家。

200多年前诞生的作家安徒生，显然具有不可思议的力量。我和大多数的儿童一样，从小读安徒生的故事。那时候大人们说，安徒生的故事有这个或那个深刻的意义。比如，《卖火柴的小女孩》控诉了万恶的资本主义；又比如，《皇帝的新衣》鞭挞了封建主义的反动虚伪。反正，在我的儿童时代，在大人们不厌其烦地反复教育下，凡有世界意义的伟大作家，无一例外都是批判——不是批判封建主义就是批判资本主义。当然，同时还被告诫，即使像安徒生这样的伟大作家，也有这样或那样的局限。比如，同样是《卖火柴的小女孩》，局限性是缺乏斗争性，不像《闪闪的红星》，从小明白"阶级仇恨"。

成人后再读安徒生，竟然读出了这个让儿童欢乐的作家的一种深邃的忧伤。

　　比如,《皇帝的新衣》难道仅仅是在批判吗?安徒生那个时候可能就已经明白,"皇帝的新衣"是经常发生的,过去有,现在有,将来还会有!

　　安徒生是否已知道,他那如日中天的名声,本身就是一件"皇帝的新衣"?

爱伦·坡的鼻子

EDGAR ALLAN POE, 1809—1849

20世纪70年代中期,我看过一部"革命"电影叫《决裂》,永远记住了其中两个细节。一个是,上大学不用考试,凭手掌的厚茧录取。看完电影后居然忍不住摸手掌,看是否有资格上大学,好离开农村回城去。另一个是,著名的"马尾巴的功能"。教授在课堂上,一脸正经,讲述马的尾巴究竟有什么用处。饰演教授的是葛优的父亲,著名演员葛存壮,那表情真让人捧腹不止。

不过,对于广东人来说,粗壮的尾巴的确是值得研究的,比如牛尾和猪尾,本身就是一种美食,煲老火例汤或者红烧一把,滋味美极了。想来,马尾巴一定也好吃。

大概是这个原因吧,一接触到爱伦·坡的短篇小说,记住的竟然是《出名》这一篇。故事讲"我"如何以研究"鼻子学"而获得巨大的名声。读后感想,觉得有理,鼻子成学,这有什么可笑的呢?关键是,从中或许还可以分出一个学科方向,叫"鼻涕学"!

细说起来,这个鼻子肯定是学问的一种,从医学、美学,再到绘画,都可以探讨。仅以绘画为例,想画好鼻子,着实不

太容易。至于鼻涕,对于保护鼻子会有重要的作用,千万不要忽视。不信,可以去问耳鼻喉科的主治医生。

回到爱伦·坡。

一直记不起来爱伦·坡是在哪里讲过"少女加死亡"之类的格言。我想,恐怕是某位评论家的说法吧,后来就给记成了爱伦·坡的话。不过,这不要紧,此人的小说就充斥着各种"少女加死亡"的离奇阴冷凄艳的情节。读他的小说,因为有恐惧感，所以，比作家所谓的"格言"要有印象。比如，少女复活，美丽的幽魂在田野或古堡里晃荡，夜晚在梦中狂奔，等等。死去的少女，给埋掉了，然后，两天后复活，徒然在棺里挣扎。数年后忽然开棺，一具少女的骷髅用尽全身的力气，猛扑过来……

如此离奇的想象力，估计爱伦·坡是用鼻子而不是脑袋来构思的。所以，他就把小说彻底地生活化了，并让自己死于非命。不是被谋杀，而是不清不楚，昏迷之中，抽搐时刻，走进了另外一个世界。估计他早就用自己巨大的鼻子嗅到了死亡浓烈的气息，所以，人也就顺着这气息走了过去。

对于死亡来说，鼻子显然是先导！

波德莱尔的颓废

CHARLES PIERRE BAUDELAIRE, 1821—1867

第一次读波德莱尔的《恶之花》，以为恶也可以歌颂，好奇之。

原来，波德莱尔是在歌颂堕落，赞美颓废。

我敢打赌，颓废是人生一段难得的经历，颓废是青春期骚乱的美学表述。一个人如果一生都没有经历过颓废，一生都正儿八经，不管是装的还是当真，临死时想必会发出这样的悲叹：回顾自己的一生，居然不知道什么叫颓废，居然从没尝过癫狂的滋味，居然未曾堕落过一次，或者胡来过两次……

当然，我所说的，必须是在法律框架之内，和违法完全是两回事。

19世纪工业文明扩张的时候，正是颓废逐步社会化的年代。古典道德的虚伪与反人性，在机械轰鸣中露出了它的真相，上流社会装模作样的表情开始滑向令人作呕的优美，而放肆一下的人生，让青春热血化成假装绝望的颓废，就成为社会转型期一项重要的美学原则。

其实，从来就没有"恶"之花，凡花皆美，尤其是，当花胡乱搅局时。

也从来没有所谓的"丑学"。能够欣赏的就一定是愉悦的，凡是愉悦的，就一定是美的。比如，颓废的快感，颓废者认为，这是一种另类的审美实践！

波德莱尔恰恰是那个工业文明扩张时期颓废的艺术代表之一。他的颓废，既是时代的颓废，也是个人的颓废。

难道还能把时代和个人分开来吗？

福楼拜的情感手术刀

GUSTAVE FLAUBERT,1821—1880

至今都记得读福楼拜《情感教育》时那种丝丝入扣的感受。内容早给忘光了,就记得,书中不断地去描写一种缠绵,尤其是,面对一个异性的时候。

到了欲望全无的日子,才明白,原来颓废和堕落是青春期的墓志铭,缠绵则是唯美的装点。

福楼拜希望,他写小说,就像冷静的医生,一点一滴地、津津有味地、富有文采地去抖落身体内部荷尔蒙的每一次起伏所带来的快感。而不管他是男人,还是女人;是有情操的人,还是毫无羞耻心的人;是完全被欲望绑架的人,还是假装道德,其实压抑以致自我毁灭的人。反正,在他眼里,全都一个样,都是他所要准确描写的客观对象,而无所谓典型的环境、典型的人物、典型的情节,以及典型的冲突。

有意思的是,但凡经得起反复描写的情节,或者,说得动人一点,凡是能进入文学殿堂的,完全是潜意识的结果,一定是人生毁灭的诗意过程。《情感教育》写的就是这样一个过程,所以很有诗意。

福楼拜说,他有一把情感手术刀。他写小说的乐趣是,用

这把手术刀去解剖情感,切成碎片,然后,缓慢地吞咽掉。

他的父亲是一名外科大夫,所以,童年的福楼拜很熟悉开刀,以及与开刀有关的事,比如解剖尸体。

在弗洛伊德的精神分析学还没有诞生以前,福楼拜就是一个精神病理分析师。等到弗洛伊德正式出场之后,福楼拜就被人遗忘掉了。

今天,还有人去读福楼拜的小说吗?

陀思妥耶夫斯基的文字自杀术

FYODOR MIKHAILOVICH DOSTOEVSKY, 1821—1881

陀思妥耶夫斯基是个神经质的人。神经质的人，当然就只能写神经质的小说，不能写正常的小说。神经质的小说的一大特点是，不断地独白，几乎没有节制。

世上本无陀思妥耶夫斯基，因为他被判了死刑。最后时刻却改判流放。我想，这一改判葬送了平庸的陀思妥耶夫斯基。当死刑变成仪式之后，天才的陀思妥耶夫斯基就诞生了。只是，这个天才患有神经质的疾病，终生未愈。

或许可以把《地下室手记》看成这一死亡与新生转变的一份心理档案。

但是，我至今仍然想不明白，当年，大学时代，我是怎么把《罪与罚》读完的，还是一口气——课不去上了，人也不理了。而且，读完之后，很长时间都在想这本小说。其中的主题，一个大学生，也是杀人犯，他很自私，他很神经质；一个妓女，出卖肉体的人，她很纯洁，很有信仰。命运让他们走在了一起，然后，是没完没了地忏悔，没完没了地祷告，没完没了地反复：自首，还是不自首？认罪，还是不认罪……

后来，再把《罪与罚》拿来读，却怎么也读不下去了。这

个俄国佬,一个神经质的疯子,一个赌徒,写起小说来,如滔滔洪水,几乎没有句号地铺陈开来,要把人淹死,他才安心!

原来,这正是陀思妥耶夫斯基的一种自杀术,让自己连同人性一起消失在黑暗的文字中,好躲避即将来临的末日审判。因为,说好了的这个审判,货真价实,却总是没来,让人发疯!

从中明白了一个道理,就作家而言,信仰是根本,否则,写作就成为苟且,成为一种"活着"。

当然,即使活着,也有很多形态。陀思妥耶夫斯基却不愿意那样去活着,所以,他就用文字实施了自杀。他最终死在了他的写作之中。

偏执的鲁迅

Lu Xun，1881—1936

少年时代，唯一能够读到的民国文学是鲁迅。然后，再通过鲁迅著作的注释，知道了很多民国的"坏人"。当时想，怎么那个时候有这么多"坏人"？而且，这些"坏人"还都把鲁迅给气得不行？当然，鲁迅的生气属于社会性的，不是私人的，所以具有正义的力量。

成年后，终于读到了那些被鲁迅说成是"坏人"的东西，才发现，原来他们是著名的文人，著名的学者，著名的教育家，等等。

然后，通过对这些人的了解，得出一个基本的结论：鲁迅先生确实很容易生气，而且往往生私人的气。当然，以鲁迅的名声，他的私人生气自然具有社会性，所以仍然是社会性的生气。不过，其中的正义性则有所下降。

其实鲁迅也知道自己生了很多人的气，所以，临死前写了一篇文章，谈到他的敌人，决然地说："让他们去怨恨吧，我一个也不饶恕！"

好偏执的鲁迅！

近年来莫名其妙又想起了鲁迅，想起他那些曾经给忘掉

的话。

他说:"曾经富贵的要复古,正在富贵的要维持现状,未曾富贵的要变革。历来大抵如此,大抵。"

这话说得太绝对了吧?

又说:"中国历史只有两个时期,一个是暂时做稳了奴隶的时期,一个是未曾做稳奴隶的时期!"

这同样也忒偏执了!

突然想,是历史偏执,还是鲁迅偏执?或者,是偏执的历史造就了偏执的鲁迅,还是偏执的鲁迅造就了偏执的历史?

这可能是一个"天问"!

由瓦雷旦想到了李金发

PAUL VALÉRY, 1871—1945
LI JINFA, 1900—1976

20世纪80年代,第一次在《外国文艺》读到法国象征派诗人瓦雷里的诗,半懂不懂,似懂非懂。后来学外语,知道其实就是不懂。大概,所有翻译的诗,和原诗的关系都令人怀疑。如果不能读原文,诗是读不懂的。比如,我们如何从白话文去理解李贺?

后来,一个偶然的机会,读到了李金发写在20世纪20年代的诗,有似曾相识的感觉。看史料得知,此人是中国象征主义诗人,师从瓦雷里,经周作人推荐而一炮打响,名扬现代诗坛。

李金发是客家人,和林风眠、林文铮一起到法国学习艺术。在法国时,李金发喜欢弄点文字。据说有一天他读了瓦雷里的诗,灵感降临,于是开始写诗。因诗风怪异,似通不通,有意无意,很象征,所以一时风行海内。

我突然想,李金发写诗的时候,究竟是"抄"瓦雷里的,还是独自在瞎想?或者,他一边读瓦雷里的诗,一边受刺激,写下一行又一行象征的句子?

就诗来说,这种情形也正常。古人说过,熟读唐诗三百首,不会作诗也会吟!写旧体诗词,首先得在脑袋里建立起庞大的词语库,好滋生一种灵感贴身的独特感觉。然后,就会产生"见花落泪见月伤心"的情绪。再然后,诗句就会如泉水般喷涌,挡都挡不住。

　　回到瓦雷里。至今我也没有读懂他的象征。不过,稍微了解一下他的生平,发现此人青春期写过诗,后来有很长时间耽于数学,忙于公务,与诗没有关系。中年时在朋友的催促下,把青春期的诗作编辑成册,并在最后补一首新的。没想到一发而不可收,最后成为法国第一诗人。

　　严谨的数学和浪漫的象征,这两者之间究竟有何关系?

　　我想,答案一定就在瓦雷里的诗里。

毛姆的初心

WILLIAM SOMERSET MAUGHAM，1874—1965

少年学画的时候，熟悉的是俄罗斯巡回画派。进美院油画系，仍不改初心。一个崇拜列宾和列维坦的学画者，怎么会喜欢凡·高和高更？更别说什么康定斯基了，那就是垃圾！

毛姆的《月亮和六便士》彻底颠覆了我的这一初心。

这个讲故事的高手，把一个疯子艺术家的生平，娓娓道来。读后，掩卷沉思。再去图书馆，把高更的画册端出来，一张画一张画地品味。然后，趣味革命就出现了。原来，高更才是真正的艺术家，列宾和列维坦，那叫……

后来读了大批评家格林伯格的名文《前卫与媚俗》，才知道，那叫——就是标题所指责的——媚俗。

再后来，学习艺术史，翻检资料，做点基本的翻译。有一次，在北美 UBC 图书馆，看到了一本女权主义者讨论艺术的书，读了其中一些段落，才惊讶地发现，根据史料，这个叫高更的法国佬，他的"原始主义"背后的思想根源居然是殖民主义。所以，高更的艺术，成熟在法属塔希提岛，一片祥和，精神和物质的双重净土，至少是一种美化，掩盖了奴役的真相。

批判竟然如此尖锐，不留情面。

回头再想这个毛姆,他的故事,能相信吗?

不过,既然相信了,还是继续相信吧。比如,相信高更是一个伟大的艺术家。他不是社会工作者,所以,揭露不是他的任务。他的任务是画画,是通过艺术去思考"我们从哪里来,我们是谁,我们到哪里去"这一类无解的终极问题。

或许这也是毛姆写高更的初心吧。

隔离中想起了茨威格,然后……

STEFAN ZWEIG, 1881—1942

20世纪80年代,茨威格也算是在中国走红的西方小说家之一,不少代表作翻译成中文,多是爱情之类。那阵子空闲,都读了下来。不过,今天几乎全忘了,只有一篇《象棋的故事》,记忆深刻,因为其中的情节太不可思议。

之前,由于父辈的关系,得以结识前辈诗人、翻译家绿原,有缘和他聊天,听他讲落难时的遭遇,居然和《象棋的故事》所写的一模一样!只是,小说主角靠一本国际象棋的《棋谱》度过了可怕而孤独的监禁日子,而绿原则靠一本《英德词典》,一个人在高耸的围墙之内,在狭小的房间之中,在白天黑夜单调交替的漫长岁月里,居然学会了德语,还成为著名的德语文学的翻译家。

2020年11月中旬,我从温哥华返回广州,住在某酒店709室,正处于14天的隔离期。我每天足不出户,等候上下午各一次体温测量,不时透过阳台门的一条狭缝,注视着远处毫无变化的十字路口,或者翻检手机上的外卖软件,看可以弄点什么来吃。有朋友说,你算好的啦,可以在酒店搞外卖。他住在郊区某农庄,每天只能吃酒店饭菜,单调且乏味。

疫情的符号是口罩,疫情的关键词是隔离。情势如此,怎么样都可以理解,也坚决配合。只是,从门口到阳台边,再回到门口,来回不停地走,恍惚间,没有缘由想起了茨威格《象棋的故事》,才深刻理解了人的智慧,究竟意味着什么。

幸好有书读,可以描几笔画,用手机和朋友闲聊,叫份外卖。幽闭的日子马上就要结束了。宽慰的是,阴性,从头到尾都是阴性,随行人也全都是阴性。结束之前,忍不住高呼:阴性万岁!

茨威格就没有那么幸运了,适逢二战,一切绝望,了无生趣,最后选择了自杀。

伍尔芙拥有不止一个房间

Virginia Woolf，1882–1941

伍尔芙是一个独特的女人，有着独特的出身，以及独特的生平。

她说过，女人的理想是拥有一张自己的书桌，一间自己的房间。

可她却拥有不止一个房间，她还拥有至今未衰的文学名声。

她说，女人为什么要去支持男人的战争？因为战争只是男权的极端表现而已。她进一步说，女人为什么要爱一个男人的国家？爱国主义只是男权的一种狂热符号而已。

她童年有过不幸，美丽的母亲又过早去世，所以患有严重的抑郁症。成年后她拥有一家自己的出版社，拥有一个家，以及舒适的别墅。她的小说都在自家出版社出版发行。她还是当年伦敦一个著名文学沙龙的女主人，身边簇拥着一批优秀的文人，包括著名经济学家凯恩斯。

她的痛苦是内在的，又是社会性的。她敏锐地观察着男权下的所有虚伪与残忍。她童年的不幸居然来自她的兄长，这是一个致命的打击。她的母亲是拉斐尔前派画家们竞相描绘的美丽模特，所以她拥有一副美丽的面容。她母亲的姑母则是摄影

史上有名的大师卡梅隆夫人。

1927年,她和艺术批评家罗杰·弗莱一起为卡梅隆夫人举办了一个展览——"维多利亚时代的摄影"。罗杰·弗莱说:如果英国肖像博物馆不为卡梅隆夫人举办展览,那将是博物馆的损失。

罗杰·弗莱还为她画过一幅肖像。这位大批评家内心是否对她有过念想?也许!

她敏感,以致精神分裂;她疯癫,会不可抑制地暴躁,发无名之火。她视生命为极品,又视生命为无物。

1941年,她在衣服口袋里装满了石头,然后从容下沉到附近的一条河流中。

她的写作只是实验,思想游移的实验。她的人生何尝不是一场奇特的实验?

出走者乔伊斯

JAMES AUGUSTINE ALOYSIUS JOYCE, 1882—1941

直到今天，我仍然没有读完乔伊斯的《尤利西斯》。面对一座由胡思乱想精心构造起来的喧嚣闹市，我不能从容阅读。但是，20年前第一次读到这个爱尔兰作家的短篇小说集《都柏林人》，还是被一种独特的个人观察打动了。那是一座我从来没有去过、至今也少有机会去的城市，但它却随着乔伊斯小说的细致铺陈，永远走进了我的记忆之中。

乔伊斯一定是个文学上的神话。他为了独特性而牺牲了世俗社会的荣耀，这源于他从传统的叙述套路中出走。他不再愿意讲一个完整的、有头有尾、有喜有悲、有大团圆结局的动人故事。他狂思狷行，喃喃自语。他走得很远很远，走到天边，走到人所不及之地，然后，站在那里，回眸一笑。可怜的我们却看不清他的笑容，只看见一个虚无的影子在不停地晃动。

乔伊斯让我没有理由地想起了一个画家，荷兰人称之为"孩子"的凡·高。当然，乔伊斯还是要比这短命的艺术家幸运，因为他在有生之年多少看到了成功，凡·高却只能把手枪对准自己。

凡·高也是一个神话，从世俗欣赏中出走，因为神经错乱。

我私底下一直纳闷，人们究竟是被凡·高的故事打动，还是被他的画打动？当然，这个问题今天不会有答案了，因为凡·高的故事和他的画已经融为一体，无法分离。

我仔细端详着乔伊斯，发现他眼珠特别突出。我想，他大概唠叨得不行，碰到愿意听他讲话的人恐怕会不停地说。幸好我没有碰上他。当然，碰上他也不要紧，因为听不懂他在讲什么！

卡夫卡的城堡

FRANZ KAFKA，1883—1924

尽管20世纪80年代卡夫卡如此有名,但是,我承认,阅读他的小说依然是一个困难。

《城堡》很迷人,因为内里有一种神经质。书中那个叫作K的地理测量员执意要进入城堡,但是,反复缠绵的描述让你厌倦。莫名其妙地一次又一次地尝试,用尽了各种手段,可就是无法进入城堡,甚至连接近都不容易。

卡夫卡始终没有完成这本小说。其实,我至今也只是读了小说的三分之二,然后就扔到一边去,从此不再拿起来。

卡夫卡本身就是一座无法进入的城堡。

他有一篇短篇,题目叫《女歌手约瑟芬或耗子式的听众》。

这不像小说,更像一篇论述日常现象的理性叙述。著名女歌手约瑟芬美妙的歌唱也不是歌唱,而是在吹口哨。观众如耗子般如醉如痴,他们究竟是出于内心的崇拜而追捧歌手,还是有意把刺耳的口哨声硬生生地理解为咏叹?

卡夫卡是不是就是这个奇特的女歌手?他的小说,其实只是一连串的口哨声?

据说,忘了哪里知道的"据说",匈牙利纳吉政府的文化部

长卢卡契被入侵的苏军逮捕押送到莫斯科受审。在他被押上囚车的一瞬间,他突然理解了卡夫卡,因为他马上就面临着一场类似卡夫卡在《审判》里所描述的审判,没有罪名,或者编造的罪名,但足以把你定罪!

曾经,马克思主义美学家卢卡契心目中的作家英雄是巴尔扎克,被贬斥的则是卡夫卡。但就在那可怕的一瞬间,他立马意识到自己错了。原来,卡夫卡才是真正的现实主义。

庞德的意象事业

ƎZRA POUND, 1885–1972

一战后,意象派诗人庞德对英国失望,转而追逐意大利的法西斯分子墨索里尼,并为之服务。后来又支持纳粹德国。所以战后他就被美军羁押,在一个露天小铁笼里关了三个星期,几近崩溃。

诗人庞德不会汉语。不过,他却在李白之诗的英译本中找到了灵感,这个灵感就是"意象"。20世纪初,立体主义盛行之时,庞德成功地促成了诗学的"意象主义运动",成为20世纪现代诗的开创者之一。

庞德的意象事业表明,现代主义或许一开始就潜藏着某种法西斯的倾向。在一些现代主义者心中,一直无法驱逐超人的精英意识与领导群伦的巫师想象。毕加索曾经宣称,要"实行一种专政,艺术家的专政"。不过,正是这个把创新当杂耍的西班牙人,又对"革命的国家要比保守的国家更不能容忍新艺术的出现'而感到困惑。

庞德以为,只有天下一统,诗人才能成为人。

我怀疑诗人庞德内心有一个理想,希望每一个人,只要一说话,就是一连串准确而精简的意象。事实上这是不可能的,

世人多是过客，全讲俗语套话，乏味得很。庞德想过没有，如果每个人一说话都是意象，诗人就难以存活了；如果人们都生活在一个纯粹的意象世界中，意象就没有意义。

20世纪80年代初，我第一次在《外国文艺》上读到庞德的意象诗时，有一种感动在。当时似乎读懂了，有所领悟。可是，后来学习英语，读到了庞德的英语诗，居然读不懂。这时才知道，诗无达诂，诗更不能翻译。从此，我就不再读分行的文字了，离诗也越来越遥远。

有一次翻书，偶然看到囚犯庞德的一张照片，他困坐着，一头白发，满脸凄凉。不知他此时内心是否还有意象？庞德毕竟是文学史中的重要诗人，落难时，因有不少文化名人为他担保而终获释放，然后在精神病院住了十几年。我想，在那个时候，庞德还能写诗吗？要知道，奥斯维辛之后，写诗是可耻的。

是谁抚摸了劳伦斯?

DAVID HERBERT LAWRENCE, 1885—1930

20世纪末,劳伦斯的小说风靡全中国。这反衬了一个事实,整整一代人是在性禁忌中度过了他们的青春期。弗洛伊德曾经断言,男子到了20岁还不知道性事何为,基本上就废了。

女子呢?大男子主义者弗洛伊德没有说。

所以,劳伦斯在那个时候流行是可以理解的。今天,谈性事就和吃饭一样,还有人会对他的小说感兴趣吗?

历史的经验值得注意。刺激的演变是,一旦试过了,也就无趣了,然后希望尝试更过分的方式,以便让刺激点继续尖锐、疼痛、独特而强烈。

尖锐、疼痛、独特而强烈,走到死亡面前,才有可能停下它可怕的脚步。

而在当下,我们正用电子虚拟代替尖锐、疼痛、独特和强烈的肉身体验。死亡隐形了。

几乎所有恐怖片、惊险片、暴力片、肉体片,都符合这一演变规律。

因为读弗洛伊德的书在前,所以,读这个英国人的小说,觉得还不如去读,比如,《少女杜拉的故事》,这部作品记录了

一个精神分裂症患者面对医师时的毫无逻辑可言的痴心妄想，内容符合犯罪新闻五大原则中的四项，除了有犯罪事实以外。

劳伦斯有一篇很短的小说，叫《你抚摸了我》，已经把他内心的情意结给交代清楚了，不必再去读他的什么情人之类的啰唆玩意。

一个成熟女子，因为不经意间，半夜，抚摸了一个成熟男子的额头，一下子把他内心的欲望给煽动了起来。然后，故事就朝着不可逆转的方向发展了:求婚,被拒绝;再求婚,而且声明,不能拒绝。女子说,那只是一次无意和偶然的举动!男子说,够了,你已经让我苏醒了,所以你没有权力让我重新沉睡下去!

究竟谁率先抚摸了劳伦斯,让他在40来年的一生中,会有如此的精力不断地写同一个梦想?

周作人的苦况

ZHOU ZUOREN, 1885–1967

中国现代文学史,周氏兄弟堪称奇迹。兄长周树人为现代文化旗手,生前是为号角,死后尽享哀荣。小弟周作人则是名副其实的汉奸,出任伪政府之文化部门要职,抗战胜利后被国民政府公开判刑,1949年后更被人民政府剥夺政治权利,永世不得翻身。

周树人享年仅五十有六,死前面对诸多论敌发出绝望的诅咒:让他们去怨恨吧,我一个也不饶恕!周作人却长寿,活到极端年代,真切体认到寿多则辱的人生道理,最后黯然而去,无声无息。

20世纪80年代始有机会读到周作人的散文,马上被其平淡的写法打动,状物抒情不动声色,全然与哀愁无关,却处处落实为一个"悲戚",与曾经熟悉的秦牧体、杨朔体截然对立,立时明白了后者的轻薄。

坦率说,这是我对文体的第一次觉悟。

两兄弟性格对立。周作人平淡,所以难以容忍兄长的极端,终究分道扬镳,形同陌路。

周作人除写作外,最重要的就是翻译。他通日语,熟悉日

本文化，此外还通希腊语和英语，下半辈子靠翻译为生，多译希腊文学。周树人的翻译就不忍卒读了，尽管他提倡"硬译"。"硬译"等于不译。兄弟相比，在这方面，弟比兄应该是多了几分才华。

周作人散文常有"苦"字。写给孙伏园的信，描述北平的苦雨，似不经意，实为自况，苦中作乐也。有《苦茶》文集问世，通篇都是这种风格，字里行间自有一种苦涩在，呷得多了，却又略感甘滋。周作人还写苍蝇，说中国人常与苍蝇共食，却不以苍蝇为名，却是怪哉！

活到最后，周作人不再讲"苦"字了，因为是实在的苦，无处呻吟，又何苦之有？

莫里亚克写了你内心深处的一片荒漠

FRANÇOIS MAURIAC, 1885—1970

一直都不能忘怀曾经读过的莫里亚克的几篇小说,《给麻风病人的吻》《爱的荒漠》《苔蕾丝·德斯盖鲁》……其中的绝望,让人从头"肉紧"到尾。

"肉紧"是粤语,就是紧张的意思。

肉都是紧的,说明比紧张还要紧张,是一种从内向外的身体反应。

似乎非得用这个粤语词来形容,才觉得对得起莫里亚克的写作。

其实,也不太能记得莫里亚克小说中的具体情节了,就知道他写的都是有头有脸、有模有样、有点地位、有点体面、有点尊严的中产女性。她们全都无所事事,不从事体力劳动,不干粗重活。她们的人生悲剧是,都嫁得不对——不是嫁给丑陋的人,就是嫁给性无能者。然后,内心翻腾起莫名的仇恨,演变成奇特的谋略,不是下毒就是偷情。不久,由于各种原因,败露了。接着是,为了维护一个阶级的斯文与荣耀,整个家族用了扼杀生命乐趣的伎俩,继续装出两情相悦的表情……

她们美丽的生命,就是在这样三番五次的折腾下,失去了

意义，退回内心，成就了这一片荒漠……

莫里亚克写的，正是潜藏在你内心深处的一片荒漠。

有了这一片荒漠，我们就只能假装坦然；有了这一片荒漠，为了活着，为了不得心理症，就只好努力去忘却。

尽管年长之后有了历练，可是，有一天，因为某一件事，突然面临着生死攸关般的考验，你才惊讶，内心深处的这一片荒漠，一直都在无声地呼啸！而你的反应，只能是一阵接一阵的"肉紧"！

原来，"肉紧"是内心荒漠的症候。

四月的艾略特

THOMAS STEARNS ELIOT, 1888—1965

四月是被艾略特定义的。

"四月是最残忍的月份"（汤永宽译），这是长诗《荒原》的第一句。

形而上的荒芜，人性泯灭的绝境，以及，文明的废墟，全都囊括在这一句中。

青春期的一种病症是，喜欢阅读描写绝望的现代主义诗篇；青春期的一个表现是，让行为变成颓废主义的美学注脚。

但是，《荒原》仍然超出了预期。

后来才知道，在中文语境中，除非有特别的研究，其实很难理解艾略特的《荒原》。这是一首晦涩、意味深长、根植于漫长的西方历史典故中的现代诗篇。一个缺乏基本旧学修养的人，读不懂晚唐李商隐诗中一连串的奇特隐喻。同理，不了解西方经典传说，同样读不懂艾略特的《荒原》。

可是，看电影就不同了

有一次，大概是 20 世纪 70 年代末吧，广州珠影厂放映厅放了一场美国导演科波拉的最新电影《现代启示录》，我幸运地弄到了一张票。至今我都无法忘记这场电影所带来的强悍冲击，简直就是令人目瞪口呆。一个从小熟悉《地雷战》《地道战》

《小兵张嘎》《闪闪的红星》的小青年,初看《现代启示录》,每一个镜头,每一个细节,坦率说,都会感觉瞬间窒息。

电影结尾时,杀人不眨眼的美军上校正在高声朗读艾略特的诗《我们是空心人》中开始的几句:

我们是空心人
我们是填塞起来的人
彼此倚靠着
头颅装满了稻草。
(赵萝蕤译)

而"我",执行杀掉这个失去人性的上校的任务的主角,一边听着艾略特的诗,一边举起砍刀,缓慢地、不留情面地向着眼前的光头劈砍下去。

上校一直在从容地等待着这一解脱的时刻。

看完电影后,赶紧把能够找到的艾略特的诗找出来再读一遍。不够,读两遍。

还是似懂非懂。

但杀人却以这样的句子为背景,虽然没有读懂,却看懂了。

懂的不是诗句,而是一整片的场景,以及一个世界。

帕斯捷尔纳克用墨水淹没了二月

BORIS LEONIDOVICH PASTERNAK,1890—1960

艾略特定义了四月,帕斯捷尔纳克则定义了二月。
艾略特的四月是晚春:

四月是最残忍的月份。从死去的土地里
培育出丁香,把回忆和欲望
混合在一起,用春雨
搅动迟钝的根蒂。
(汤永宽译)

帕斯捷尔纳克的二月是早春:

二月,墨水足够用来痛哭,
大放悲声抒写二月,
一直到轰响的泥泞,
燃起黑色的春天。
(荀红军译)

艾略特是英国诗人，耽溺于西方古典世界漫长的历史典故中，发现了文明的绝境。他的《荒原》是形而上的情感诉求。他生活在自由之地，他的痛苦和身体遭遇没有关系，他活得很体面，很有尊严，也很有地位。所以，他的定义属于哲学。

春天是残忍的！这十足像尼采的预言："上帝死了。"

帕斯捷尔纳克则是俄国诗人，全家卷入了革命，然后进入苏联时代。他几乎在执笔写作的那一刻起，就困在了肉身逃无可逃的现实挤压之中，一生挣扎，至死也不得安宁。文学于他就是一场真实的悲剧，一点也不形而上，一点也不哲学。

所以，在他眼中，文学就是痛哭。这痛哭发生在寒冷的二月，春天刚刚降临。

春天恰如希望。

艾略特看到了正在绽开的丁香。此时，春雨浸透了辽阔的荒原，根蒂还没有从冬天中苏醒过来，一片死寂的世界，迟钝而又茫然。帕斯捷尔纳克脚下的土地却异常的敏感，以致颤抖个不停。结果，墨水比泪水还要丰盈，哭泣的呼啸回应着泥土的轰响，而春天居然还是黑暗一片。

　　一些文学研究的文本说,艾略特属于象征主义。另一些文学研究的文本说,帕斯捷尔纳克也属于象征主义。但把他们两人放在一起,把他们所生活的世界平行地置于同一地平线上,我发现,艾略特的眼光的确穿透了迷雾,而帕斯捷尔纳克却只能盯视着肉身的磨难。因此,说艾略特是象征的,或许有理由;说帕斯捷尔纳克是象征的,如果成立,现实就会给放飞,痛哭也会成为虚拟。

　　他说了,远处是黑色的火,正在燃烧。

诗人马雅可夫斯基之死

VLADIMIR VLADIMIROVICH MAYAKOVSKY, 1893—1930

马雅可夫斯基之死是一个谜。他是自杀的，但后来有资料说，从他身上取出的子弹和扔在一旁的手枪口径对不上号，这说明他有被谋杀的可能。

这事至今也没有说清楚。

但我更愿意把诗人之死看成一个象征。

象征着什么？

马雅可夫斯基是一个艺术先锋分子，是 20 世纪初俄罗斯未来主义的重要成员。后来他积极地参加了革命。在他看来，艺术上的先锋姿态和社会革命的激进主张完全是一回事。革命家要改造旧社会，建立新社会。他作为诗人，艺术上的目的也是革旧艺术的命，建立新的艺术和新的趣味。

在马雅可夫斯基看来，艺术革命和社会革命原本就是一回事，只是领域不同罢了。所以马雅可夫斯基崇尚列宁，列宁去世时，为这位革命领袖写了长诗以纪念之，其情之真切不容怀疑。

诡异的是，列宁根本就不喜欢未来主义。

我发现几乎所有革命领袖都不喜欢新的艺术。所以，毕加

索才疑惑,为什么那些号称"革命"的国家,却对新艺术采取了排斥的态度?

我怀疑,当马雅可夫斯基发现艺术革命和社会革命之间的巨大鸿沟时,他几近崩溃。

一声枪响,结束了艺术与革命的持久争论。诗人死了,革命却继续向前发展,只是革命的艺术形式后来变成了古典主义。

林语堂的闲适

Lin Yutang, 1895–1976

把"humor"译成"幽默",是语言学家林语堂的首创。其实,林语堂所提倡的文风,乃至人生,用准确的中文词形容,应该叫"闲适",而不是"幽默"。

追求闲适的林语堂生活在一个冲突激烈的动乱年代,所以他的主张不见容于当时的左翼。鲁迅曾经毫不客气地讽刺这个温和的文人,把他归入"有闲阶级"的一员,属于用"软刀子"杀人的那一路货色。

至今不能忘怀大学期间第一次读林语堂《苏东坡传》的感受。他用一种优雅从容的笔调,活脱脱地把一个古代闲适文人的形象生动地描写了出来。想起来,这个苏东坡更像是他的夫子自道。"人生到处知何似,应似飞鸿踏雪泥。泥上偶然留指爪,鸿飞那复计东西。"苏东坡的诗,正好概括了闲适文人林语堂波折的一生。

在《生活的艺术》一书中,林语堂写道,东方人以为,人生最美好的时刻是,某日下午,阳光充沛,躺在草坪上,望天看地听风声,一无所求。这就是"闲适"。

不过,林语堂一生可没有真正地闲适过。他从青年时起就

幽默的林语堂,1895-1976

满世界跑,读书、教书、写作、编杂志,还抽出时间去发明中文打字机。晚年定居香港,在中文大学任教,组织编撰《林语堂当代汉英词典》,完成毕生的一个学术理想。

所有这些,显然都不是一些微不足道的痕迹那么简单!

烈士郁达夫的真性情

YU DAFU，1896—1945

青春期要去读郁达夫的《沉沦》，因为沉沦很难。中年则应该读他的《春风沉醉的晚上》，此时内心杂念已多，纯洁的春梦即将消逝。

第一次读《沉沦》，为其中渴望堕落又恐惧堕落的矛盾纠结所感动。后来再读，这种感动却荡然无存，只剩下性感的文字在眼前跳跃。

没有体验过沉沦的人，才特别想去沉沦一下。究其实，本来就无法真正的沉沦，所以只好仓促逃离可能引发欲念爆发的现场。

读多了郁达夫的文字，发现他颇喜欢用"肥白"这字眼去形容美人。这字眼的确撩人。

作家郁达夫一生最重要的是做了两件事，一件耗尽了他的感情，一件夺去了他的生命。

耗去感情的是爱情，是中年作家疯狂追逐年方二十的杭州美女王映霞。在优美透明的文字和不厌其烦的恳求夹击下，郁达夫把美人追到手了。但是，他似乎无法圈住美人的心，一连串的变故，不知道是文人兴风作浪的结果还是确有其事，反正，

郁达夫 1896-1945

轰轰烈烈一番,传闻满天飞,两人最终还是离异了。晚年王映霞说了句大实话:是郁达夫让她闻名天下的。

夺去其生命的则是参加抗战。抗战期间,郁达夫远走新加坡和苏门答腊,积极参与各种抗日活动,成为当地一个重要的侨领。日本人占领新加坡和印尼后,发现他日语很好,强行拉去做翻译。郁达夫干脆利用这一身份巧妙地与侵略者周旋,保护了不少重要的抗日人士。后来,他的真实身份让日本宪兵知道了。于是,在胜利前夕,日军把他拉到了荒郊野岭残忍地杀害了。郁达夫由此而成了真正的烈士。

由此可见,烈士郁达夫确实是有真性情的。

徐志摩就是一只猫

Xu Zhimo, 1897–1931

活在沉重、紧张与血腥的年代,诗人徐志摩却口口声声地左一个"轻轻"又一个"悄悄",显然就不是个合时宜的人。一个不合时宜的人却适时地、悲剧式地离开了人世,留下一副永远英俊的相貌,一个芳名千里的娇妻,以及一大批"轻轻"和"悄悄"的文青句子,按照消极自由主义者的观点,也不枉在世间走了一趟。因为,至少还尽兴,没有机会去欺瞒,更没有时间去奴颜甚至告密和诬陷。

徐志摩的确活得尽兴。他拒绝继承家业,不学金融,却跑去英国追随罗素学习哲学。人到了伦敦,哲学没学什么,身边放着一个娇妻不管,却迷上了年仅15岁的林徽因,把少女的心给搅得无法安宁,所以也只好去写诗和散文了。这可急坏了远在天边、未来的女建筑师的未来家公梁启超。

至于他和陆小曼的故事,流传太多,众人皆知,其中的浪漫,无须多言。

只是,现代人的口味比较重,对那些让人生毁灭的颓废意境记忆良深,却对"轻轻""悄悄"之类很容易产生"唯美疲劳"。况且,叠声字太多,有点唠叨,读着读着,这些个原本藏

在诗里的叠声字突然会变成苍蝇,"嗡"地散开,把整首诗给弄得腻味透了。

怎么形容这个徐志摩呢?突然觉得,他就是一只不动声色的猫,"喵"地一声,轻轻地来了,又悄悄地开溜了。

纳博科夫心中飞出了一只蝴蝶

VLADIMIR VLADIMIROVICH NABOKOV, 1899—1977

知道纳博科夫当然是他的《洛丽塔》。而且，我必须承认，年龄不同，对《洛丽塔》的感受会完全不一样。

我建议，读《洛丽塔》，最好同时读川端康成的《睡美人》。

都是对老男人特殊癖好的经典描述，却居然有如此大的不同，无论是趣味还是性情。人太过复杂，因不同地域，因不同族群，因不同际遇，因不同品位，因不同传统，而有如此不同的心理变态！

纳博科夫是一个昆虫学家，以研究蝴蝶知名。他一生收集的蝴蝶标本数不胜数。

在生物学上，蝴蝶属于鳞翅目，其生存特征是完全变态，一生数次变异，从幼虫到成虫，竟然是两种不同的生命形态。

变异是一种惊人的生命现象。

变异还是一种惊人的精神现象。

变异是一种吸引着无数的人去亲历的情感方式，变异是一种从根本上对抗残忍而无聊的现实的人生实践，变异是一种纯之又纯的神圣的堕落……

纳博科夫心中飞出了一只蝴蝶。这只蝴蝶就是《洛丽塔》。

纳博科夫黯然神伤地对这只心中的蝴蝶喃喃自语:"说吧,记忆!"然后,他心中的这只蝴蝶就飞向了浑浊的天空,在令人窒息的召唤中翩翩起舞。

川端康成的月亮

KAWABATA YASUNARI, 1899–1972

20世纪70年代末,中国美术界刮起过一股日本风,影响至深的日本画家是"四座大山"——高山、西山、加山和平山。不过,这股美术的日本风很快就过去了。进入80年代以后,很少再有人提起这几座山。

在文学上有影响的则是川端康成。他的小说《伊豆的舞女》被改编成电影,由山口百惠饰演女主角,在中国上映后,竟风靡一时。其中,纯情的山口百惠起到了关键的作用。

这风似乎很快也过去了。

至今还记得《雪国》一开篇,透过火车窗看着窗外的朦胧,从中浮出了一张女子的脸,如画一般。也记得小说的最后,木屋突然起火了,一个女子,正在火中,从二楼跌落了下来。这时,银河也开始倾泻了,仿佛在为死亡送行。

评论说川端康成的风格是"新感觉派",大概指的是这一类视觉的效果。

在1968年诺贝尔文学奖颁奖礼上,川端康成的获奖致辞是一篇怀古的散文,通篇描写月亮——他眼中的月亮,日本人的月亮,而宗旨却是静默独处的禅宗。他从和歌入手,以和歌

收尾，把一种迷蒙、遥远而又超脱的无我境界烘托得凄艳无比，以至人们忽视，甚至忘记了作家所言及的绝望。他提醒我们，这是一个神经质的世界，或许自杀是其中的一条出路。

川端康成最后选择的正是自杀。

本来，我们的中古也有这样一个月亮，散发着幽远的微光，述说着过客的苍凉。慧能顿悟，落脚广东北部南华寺，开创了禅宗，然后远播他乡，如今川端康成的月亮还在……

海明威打碎了自己的脑袋

Ernest Hemingway, 1899—1961

20世纪80年代中期，读过一本海明威传记，作者忘了，但有一些情节却记忆深刻。想起来，以为是在读一段传说，不像真的。

书中写到，海明威在巴黎的时候，有一晚，参加著名的斯泰因（Gertrude Stein, 1874—1946）举办的酒会。会上，作家和一个年轻美貌的女雕塑家扯上了关系。当晚两人共度良宵，幸福无比。第二天上午，女雕塑家起来，懒洋洋地拉开窗帘。窗外刺眼的阳光一下子照亮了躺在床上的海明威。原来，那是一具曾经受伤的身体。女雕塑家不禁惊叫一声，把海明威给吵醒了。海明威知道她叫喊的原因后，沉默地盯着她，直到看着她仓皇离去为止。

后来，有好几次，在同一个沙龙上，两人都在，海明威总是用怒视的眼光盯着她看，让她无处藏身。终于有一天，当地报纸刊登了一则消息，说这个女雕塑家跳楼自杀了。临终前她留下一张条子，写道："被击碎的哥特人的头颅真美啊！"

这不是电影情节吗？

青年海明威曾主动参加一战，在意大利前线被迫击炮炸伤，

又被机关枪击中。西班牙内战期间,他远赴战场第一线报道。海明威实在是太热爱战场了,他总是想方设法亲临前线,从不畏惧危险。和平时期,无险可冒,他便到人迹罕见之地去打猎。这样做的代价是巨大的。海明威遭遇过两次飞机失事,又意外地碰到森林火灾,全身多处受伤,无法完全治愈。他父亲死于自杀。海明威晚年灵感顿失,患有狂躁症和抑郁症,被迫接受电击疗法,可谓痛不欲生。绝望之余,他和父亲一样,用猎枪对准了自己的嘴巴,一扳枪机,脑袋碎了一半。

　　被击碎的哥特人的头颅真美!

博尔赫斯的迷宫

Jorge Francisco Isidoro Luis Borges Acevedo，1899–1986

有一段时间，大概是20世纪80年代中期吧，我总是在读博尔赫斯的小说，也不知道读来干吗。读多了，甚至还模仿他的笔调写了一篇，很有点传奇色彩在，以满足向往之心。我想，大概是因为他的小说很诡异，题材又广泛。有一种无法言明的虚无情绪，阅读时会从内向外地扩散，然后又从外向内地收拢，直赴大脑的什么区域，身体会阵阵地发紧。

后来才知道，那是我小说情结的最后一次发作。此后，我基本上不再读小说。

时间长了，博尔赫斯写过什么，居然也差不多给忘光了，只剩下一点可怜的印象，不时会跑到梦里搅局。其中一篇不时冒进来搅局的，内容讲的是迷宫。

故事是：巴比伦国王建造了世界上最复杂的迷宫，然后邀请阿拉伯国王去参观，并把他丢在里头。阿拉伯国王最后终于走出了迷宫。他回去后马上兴兵讨伐，擒获了巴比伦国王。阿拉伯国王把他带到沙漠，说，这就是我的迷宫，你进去吧！当然，最后的结局是，巴比伦国王始终无法走出大沙漠。

打个比方，巴比伦国王属于"人定胜天"派，阿拉伯国王

属于"崇尚自然"派。小说主题是,"崇尚自然"派最后战胜了"人定胜天"派(我猜测的)。

这叫"人在做,天在看",叫"人算不如天算"。

当然,博尔赫斯的迷宫属于文学,是一座精致的人造语言的迷宫。那么,我们为什么愿意走进他这人造的文学迷宫?或许,这就是文学的力量吧。可是,如果真的站在浩瀚的沙漠中,除了即时的干渴和即将来临的死亡,并没见文学的半点影子在。

辛格双眼闪烁

Isaac Bashevis Singer, 1904–1991

对辛格了解并不多。第一次读他的小说《卢布林的魔术师》，有故事在里头，觉得好读，于是就卖下去了。之后，继续收集他的其他短篇小说，同样觉得好读，也读下去了。比如《市场街的斯宾诺莎》，印象深刻，写了读书人某种持久的可怜状况。

讲故事是一个本领，讲动人的故事更加难得。我想，辛格应该就是一个讲故事的高手，否则，很难想象他的成功，最后还得了诺贝尔文学奖。这个从波兰走出来的犹太作家，一生都在用意第绪语写作，这说明他有强烈的犹太情结。同样身为犹太人的卡夫卡就拒绝使用意第绪语，而用德语写作。所以我想，诺贝尔文学奖授予辛格，可能还包含着这样一个意思：通过文学去维系和复兴一种古老的语言，本身就是一桩有价值的事业。

当然，在人类所有的古老民族中，犹太民族是独一无二的。我记得在一本描述人类思想发展的书中这样写道："一神教"信仰在人类思想史上具有无可替代的价值，是一次思想上的重大飞跃。而这恰恰是从犹太人开始的。

辛格双眼闪烁，目光灵敏。我想，他应该是一个对世俗生

活有着敏锐的洞察力和深刻的批判性的作家。如果仅仅对世俗生活热爱并描述之，无法产生让全体人类感动的故事，唯有透过日常表现而与终极信仰挂钩，写作才会具有普遍的意义。辛格的成功或许证明了这一点。

优雅的萨特

Jean-Paul Sartre, 1905—1980

20世纪80年代初,萨特在中国是一个英雄。他有两个词让其时读大学的我回味了很久:"尖锐"与"恶心"。

"一种尖锐的失望!"这是他在《恶心》里写下的一句话。

我承认,恶心是人的常态,表达了对世界的愤怒。这似乎也是那个年代的一种思想境界。当年,大学里不乏"恶心"之人,"恶心"到"尖锐",正好表达哲理般的"愤怒"。

现在想来,当年的"恶心"可能有点让人"恶心",因为缺失"尖锐"。

后来,存在主义像风一样刮走了,也没有人再提"尖锐"和"恶心"。大概是生活既不尖锐也不恶心的缘故吧。

于是干脆就把萨特给忘掉了。

其实,忘掉萨特的是他自己。他没有像郭沫若那样,发誓要把自己的书通通烧掉。他只是明白,文字不如行动。所以,晚年萨特是一个街头行动分子。

有一天,我认真端详着萨特的样子,发现这革命老头其实挺优雅的:他拿着大烟斗,依傍在新艺术风格的栏杆旁,眺望着远方,一副小资的派头。于是,我就把优雅的萨特给画了下

来。我边画边想,优雅的萨特有没有想起"尖锐"与"恶心"?

施蛰存不聚焦的眼神

SHI ZHECUN, 1905—2003

20世纪80年代居然是个令人惊奇的年代。当时,国门突然打开,一缕世界的阳光刺眼般穿透围墙,让我们差点睁不开眼。所以,才出现了那么多的"居然":一部《追捕》,居然风靡;一部《姿三四郎》,居然让人废寝忘食;年轻英俊的周润发在《上海滩》饰演"许文强",掏出手枪射出无情的子弹后,用嘴吹一下枪管的轻烟,居然成为全国青年争相模仿的动作。

美术学院的艺术学生,表现其超前意识的手法是,在素描课堂上画毕加索式的立体主义,在色彩课上平涂高更的纯色,在学校里讨论康定斯基的抽象绘画,在大排档争论弗洛伊德的性观念,等等。

画立体主义风格的学生立马被开除。画高更色块的学生作业差点不及格。讨论康定斯基的学生对绘画没兴趣了,去学英语,把《论艺术的精神》翻译了出来。而在弗洛伊德的影响下,一些人转学艺术理论,不再做画家。

终于可以读到民国的文学了。无意中找到本施蛰存的短篇小说集,一读,傻了。所谓"先锋"的潜意识观念,居然在20年代就已经有人在搞,而且还搞得相当不错。眼下的这个施蛰存就是其中的代表,他的小说写的正是梦幻的错位和意识流的晃荡与不羁。

民国艺术的大门一打开,才明白,那个时候原来已经有如此之多的"前卫"与"先锋",而且大多数还来路正当,直接到人家的地盘上拿过来,一点也不"居然"。

再了解艺术史,更加惶然。立体主义出现在 1907 年。那一年,毕加索画下了震惊艺术界的《亚威农少女》。抽象主义出现在 1910 年。也是在那一年,康定斯基画出了人类第一张完整的抽象画。

在革命的年代,搞现代派当然没有出路,所以施蛰存也就热闹了那么一下,然后在高歌猛进的日子里彻底沉寂了。没有去认真搜寻过他的生平资料,只是知道,并不用考证,他一定过得比较狼狈。后来偶尔读到他晚年的《唐诗百话》,是为报刊写的短文,普及而已。读着居然上了瘾,因为不仅平实,而且有深度,不是一般的普及那么简单。内中文字,不时会隐约夹杂着一些弦外之音。

施蛰存长寿,目睹世事变迁,大起大落,其中的感慨,必

定超过他的"感觉派"式的文学想象,所以也就不写了。先是不能写,后来是无法写,最后,我以为,临终之际,他觉得已经没有必要写了。

你看他晚年的留影,瞪着一双眼,并没有聚焦。

囚犯、乞丐与贝克特

SAMUEL BARCLAY BECKETT,1906—1989

据说,忘掉了哪里来的"据说",某监狱主管要给囚犯来点文化生活,调剂一下他们的情绪,免得出精神问题。他决定挑选一出戏在监狱演出。但是,挑选什么样的戏,这事却有讲究。太过浪漫、太过绝望、太过黑色、太过暴力,都不合适囚犯观看。于是,他明智地选择了几乎无人理解、一直备受冷落的贝克特的新作《等待戈多》。

结果却大出主管的意料,囚犯不仅看得认真,而且,他们感动得热泪盈眶。

敏锐的记者前来采访。记者问囚犯,你们看懂了这出戏吗?囚犯回答,看懂了。记者又问,戏讲的是什么?囚犯说,等待戈多呀!记者再问:等待戈多,这是什么意思?没想到这一回囚犯的回答让记者惊讶了,他们大声说:我们就是那等待戈多的人,我们每天都在等待戈多,而且,我们还知道,戈多是不会来的,永远也不会来。

记者很吃惊,普通的、有水平的、文雅的观众看不懂《等待戈多》,囚犯却看懂了。不仅看懂了,而且他们还感同身受。

这出戏剧史上"荒诞派戏剧"的著名代表作,如果表现的

只是一种漫长的等待,贝克特可能还不足以成为划时代的戏剧大师。贝克特描述的是一种关于等待的形而上的困境,因为永远也不会有结果。他尖锐地嘲笑了"等待"这么一种人类普遍存在的心态,揭示这一心态内里的脆弱与本质的虚伪,而且是通过两个胡言乱语的乞丐,两个脏兮兮的流浪汉。戏中,他们站在垃圾桶前,无聊地你一言我一语,尽在讲一些不着边际的废话。事实上他们是在宣读一份关于人类终极处境的没头没尾的严厉报告。

或许,贝克特想用极端的方式提醒人类,我们可能都是潜在的囚犯,和那些公开的囚犯没有什么差别。因为我们不知道自己的这种真实状态,所以才看不懂《等待戈多》,而囚犯身处困境,他们无须解释就能明白,这个爱尔兰人究竟想要说什么!

邵洵美公子的绚烂与落难

SHAO XUNMEI, 1906–1968

我大学毕业后,第一份工作是出版社编辑。然后转去读研究生,毕业后不肯留校,还是跑到出版社。中年以后才通过读博到了大学去任教。尽管其中的曲折刻骨铭心,但却留下了一种心态,对出版人这一职业产生了兴致。

民国期间最值得回忆的出版人是邵洵美。他的出版事业曾经如日中天,他的慷慨解囊也曾经名震文坛。

邵洵美出身显赫。外祖父是富可敌国的盛宣怀,盛宣怀的孙女则是他的发妻。因他小时过继给大伯邵颐,邵颐原配是李鸿章的嗣女,所以,他的外祖父就成了晚清重臣李鸿章。

邵洵美生而无忧,心情固然美丽。偏偏他又热爱艺术,到英国剑桥读文学,到法国高等美院画女人体。平生崇拜波德莱尔,写得一手唯美新诗,水平绝对不亚于徐志摩。

以下是他写的《莎弗》中的几句:

你这从花床中醒来的香气,
也像那处女的明月般裸体——
我又见你包着火血的肌肤,

你却像玫瑰般开在我心里。

简直就是中文世界里的"恶之花"!

20世纪20年代末邵洵美开始做出版,创办了多种文学与艺术的期刊,还有金屋书店。一时集天下文人于身边,春风得意之态,可想而知。

当然,邵洵美的所有事业都终止在50年代初。之后他一路落魄下去,苦难日深,竟至不名一文,靠施蛰存的每月施舍过日子。最后无法忍受,自我了断。死后居然被发现还欠着一身债务。

不知何故,突然无缘由地想起了元代画家倪云林,觉得两人似乎有某种相通的气质在。当然,倪尽管拒绝入明,但仍能善终。如果他以其怪僻而活在与邵同一时代,下场是否会更惨?

幸好历史不能想象,所以不得而知。

太宰治说：不曾有过什么事情

DAZAI OSAMU, 1909–1948

当年读太宰治的《斜阳》，明白了一个道理：文学就是废话。经典的文学是经典的废话，无用的文学是无用的废话。或者这样说，经典的文学是无用的废话，无用的文学是经典的废话。所以，文学的力量在于，明明在读废话，但却不觉得，以为在读意义。

喋喋不休的自恋，滔滔不绝的绝望，结局就是：自杀。至少是，非常想去自杀；或者，把自杀作为审美对象，反复描写、纠结、徘徊、睡意无全地梦想，然后，有一天……

优秀的日本作家，好几个都自杀了，川端康成、三岛由纪夫，还有这个太宰治。

很久都不能理解日本的这个文化现象。毫无目的地翻阅一些关于日本历史的书籍，也看过几本据说是研究"日本学"的权威著作，似乎有点明白了。一方面，不怕死；另一方面，死是一种神圣的仪式。所以才要去剖腹，很残忍，但在残忍中升华。据说，这是见血的"肝胆相照"。

太宰治自杀时，正值斜阳来临。一个整天想着如何了结自己的作家，对最后一刻会有眷念吧？不过，我对《斜阳》的印

象却只剩下三句诗:

去年,不曾有过什么事情。
前年,不曾有过什么事情。
大前年,也不曾有过什么事情。

这废话应该可以写下去:

今年,不曾有过什么事情。
明年,不曾有过什么事情。
后年,也不曾有过什么事情。

明白吗?

局外人加缪

ALBERT CAMUS, 1913—1960

加缪死于偶然,因为突如其来的车祸。那一年加缪46岁,正当壮年,手上还有一部没有完成的小说《第一人》。据说,加缪生前认为,这可能是他最好的小说。

让我想象一下车祸现场:警察来了,救护车来了,还有围观的人群。大家忙碌着,也沉默着。一桩普通的车祸,只是日益增多的车祸中的一桩而已。现场是否有人意识到,一位伟大的作家,一位研究荒谬的哲学家,一位只相信现在的行动、不相信未来命运的悲观主义者,就这样走了。事后,有人说,这可能是一桩谋杀!

加缪年轻时宣称:"我反抗,所以我存在;我存在,所以我反抗。"这定义了他的一生,就是不间断地反抗。1942年,加缪29岁,是一名反抗纳粹德国的地下抵抗运动的战士。就在这一年,他出版了小说《局外人》。《局外人》没有讲反抗,没有描写祖国的悲哀和人民的不幸。《局外人》讲的是一个人的孤独和疏离,原因是,他感到了荒谬,有一种被放逐异乡的抑郁。

加缪一边战斗,一边却感到了荒谬。这本身就足够荒谬!

有评论说,写了《局外人》的加缪,即使以后不再写小说,

也是世界一流的作家。不过,后来他又写了一本小说,震惊世人,叫《鼠疫》,描写疫情肆虐下扭曲的人性。

想当年,我躲在大学宿舍读完了《局外人》,然后,居然感到了荒谬。那个年代,耳边不是吴冠中的"形式美",就是李泽厚的"美的历程",我却对荒谬浑然不知。后来,有一个朋友失恋了,我送他一本《局外人》。奇特的是,朋友看完了,对我说,原来爱情就是一件局外的事。

难道,我们都是局外人?

杜拉斯的诱惑

MARGUERITE DONNADIEU, KNOWN AS MARGUERITE DURAS,1914—1996

绝大多数读者,知道杜拉斯是因为她的《情人》。这小说后来被拍成了电影。电影中,梁家辉主演的华人富商公子,羞涩、胆怯而又无法拒绝少女坦率的勾引,于是在热带殖民地上演了一场黄种人自以为可以支配白种少女的性爱故事。人们好奇的是其中的情色,以及独特的组合:阳光斑驳中嘈杂的街市,属于殖民者却处于底层的白种少女,属于被殖民者而居于上层的伪装贵族。让人印象深刻的还包括男女主角的入戏,演员迷人的长相,以及镜头的直白,等等。

但我对杜拉斯这个女性作家的记忆却来自她的一篇当年刊载在《外国文艺》的中篇小说《琴声如诉》。这是我反复阅读的少数几篇外国小说之一,边读边把小说中送离的场景和现实中躁动的欲望混为一体,虚实不分。

原来,青春期的阅读不仅要有颓废的倾向,而且必须具备接近失控的欲望,才能把日常生活装点成感觉颇有深度的模样。自然,这也是因为学习的专业是艺术,本来就有发狂的动力。所以,那个年代很难想象一个理工男,他们青春期究竟喜欢阅读什么?总不至于每天捧着《几何原本》,激动万分地从头读到

尾，再从尾读到头吧！

其实，理工男的内心，可能比艺术男还要变态，我想。

寻找尽可能多的杜拉斯的照片，试图通过多次描绘走向她。从照片看，杜拉斯年轻时就是一美人，这一副长相实难和有深度的"作家"挂钩。但杜拉斯写作中的思想已经无须争辩，这和她长得就是一美人毫无关系。我知道我这样说是有危险的。难道思想和长相会有对立吗？凭什么说美人就不能有思想，或者反过来，有思想的就一定不是美人？

完全是男性一种由来已久的偏见！

这就是杜拉斯的诱惑！

自言自语的贝娄

SAUL BELLOW, 1915—2005

赫索格在路上盲目地流浪。他的生活是,每天给各种人写信,讨论各种他认为重要的社会问题、宗教问题、犯罪问题、伦理问题、教育问题、哲学问题、心理问题、吃药问题、终极问题、眼前问题、永恒问题、无聊问题……

赫索格没有目标,所以,他随机地选择写信的人,有总统,有牧师,有哲学家,有监狱囚犯,有的士司机,有男人,有女人,有老人,有伟人,有无聊的人……

赫索格想杀人。他离家出走,是因为发现美貌夫人的伟岸情人。他还发现,纯洁简直就是一桩谋杀案中丑陋而不成体统的拙劣供词。可是,当他终于有机会面对他想杀的人的时候,突然手软了。因为,他从来没有杀过人。

赫索格是大学教授,是体面的知识分子,是社会精英,怎么会习惯杀人?

这就是贝娄的意识流小说《赫索格》所讲的故事。很多年过去了,我没有去重读,所以基本上忘了。重读是很危险的。我建议不要重读。所以,我只记得,小说的主角,这个叫赫索格的,在不断地流浪,不断地写信,直到某一天,突然举起了

枪。我当时的感觉是,心里也有一支枪举了起来。可惜,他把枪扔了,然后,颓唐地蹲下,抱头饮泣。

好像是这样的情节。

我迷惑的倒不是这个大学教授的荒唐举动,我迷惑的是,他怎么可以如此随便地和所有人写信?和总统写信,之后再和囚犯写信。如果 FBI 知道了,不会去抓他?

童年时,父亲对我说,不要随便写日记,不要随便写信。

但赫索格好像一直都很平安,所以才能够从容地发疯。没有人理他,更别说抓他了。

原来,自言自语是一种权利。

谢谢贝娄,你让我明白了这个无须讨论的真理。

孤独的神父索尔仁尼琴

ALEKSANDR SOLZHENITSYN, 1918—2008

索尔仁尼琴像个孤独的东正教神父，一脸愤怒。当初，他就是用愤怒的方式开始其文学反抗的，结果，他成长的社会用迫害成全了他，让他得以不朽。然后，突然有一天，这个看来强大的社会，居然一夜之间就分崩离析了。可能，就在分崩离析的一刹那间，索尔仁尼琴真正感到了孤独。更有可能，就在那一刻，他把反抗转变成了祷告。

神父索尔仁尼琴回到了俄罗斯的土地。他成了英雄，受到盛大的欢迎。在漫长的流放生涯中，他发现，他可以反抗专制，却无力反抗因俄罗斯虚弱而备受欺凌的耻辱。他去除了人间的宗教，是因为他发现，天上的宗教更重要。

索尔仁尼琴曾经震撼世界。他让全世界知道，除了奥斯维辛集中营外还有古拉格群岛。等到古拉格群岛成为展示的场所之后，索尔仁尼琴让人震撼的力量就隐形了，人们不再听他唠叨，这让他倍感抑郁。

世界变化太快。今天的年轻人更愿意在网络虚拟中寻找好玩的"古拉格群岛"，而不愿意面对真实的神父以及他的内心孤独。

所以，索尔仁尼琴最终以愤怒结束一生。

张爱玲绝望的灵性

ZHANG AILING, 1920—1995

读张爱玲的文字，深为这个女人的灵性而感动，字里行间，异常透明，状物抒情，直奔核心，很有点语不惊人死不休的豪气在。她的文字，大概属于天才一类。

细想一下，很有可能，她的灵性来自刻薄，同样地属于天生。

刻薄的意思是，常常逼视生活，包括自己，有意无意间，让身边的人，同样包括自己，无地自容。

这是一个不让人接近的女人。

她怎么就如此着迷于胡兰成？内心如海，无法猜测。

所以，她几乎用了一生写下《色戒》，一段自焚式的绝望欢愉。多年以后，台湾导演李安拍成了电影，让张爱玲又一次备受瞩目。

张爱玲的创造高潮其实只有青春期的几年，是在苦难年代，日本占领上海之时，属于抗战文学中的另类，因为她没有也不可能，去正面歌颂抗战。她和歌颂没有关系。

我想起了加缪，1942年在抗击德国的艰苦卓绝的战争中，却写了《局外人》。

文学有另外的目的。

夏志清写《中国现代小说史》,颠覆了不刊之论,女作家独抬张爱玲。后来陆续读到一些关于她生活的文字,颇有感慨。张爱玲中晚年待在美国,用英文写作,始终没有打开局面;生活拮据,工作常常没有着落。以她在中文世界如此显赫的地位,却无法在美国找到恰当的位置,真是一种无常。

夏志清一直和她有联系,但好像也无法解决什么。

后来,这个孤独的女人孤独地离去了,在一处公寓,几天之后才被人发现。

昆德拉的不朽

MILAN KUNDERA，1929—

昆德拉在《不朽》这部小说中讨论了不朽。

他让歌德谒见拿破仑。一个是诗人，一个是独裁者；一个正在书写历史，一个正在制造历史。制造历史的人太忙了，没太理会眼前这个等候召见的书写历史的人。歌德默然看着拿破仑咽下了嘴里的肉，然后就离开了。制造历史和书写历史没有关系。这是关于不朽的第一种含义。

他让贝多芬与歌德在一起。两人在花园漫步，迎面撞见了皇后。歌德恭敬地侍立一旁，贝多芬却昂扬而过。之后，不朽的贝多芬训斥了庸俗的歌德。这个逸闻尽人皆知。昆德拉提醒我们，逸闻出自一个年轻时暗恋过歌德的女人之手。女人不无神秘地告诉别人，贝多芬亲笔写信向她描述了这一逸闻。她这样做是有原因的。一个默默无闻的女人夹在两个伟大的德国人之间见证了不朽与庸俗，自己于是也就不朽了。这是关于不朽的第二种含义。

最后，他让歌德和海明威聊天。海明威追随其父的轨迹，用猎枪对准自己的嘴巴，一扳枪机，脑袋飞走了半个。歌德却躺在病床上，呻吟着，静候死神的降临。歌德问海明威，那个

Milan Kundera, 1929~

可怜的女人,如果知道了他的衰老,不知道是否会马上逃离。他们都同意,女人肯定会逃离的,因为不朽已经死了。这是关于不朽的第三种含义。

我觉得昆德拉写作了一辈子,其实都在探讨不朽。我猜他想说的是,没有不朽,除非你死掉了。可怜的是,世人为了不朽,居然愿意奉献他们的自由。

昆德拉还想说的是,如果现实中真有人想要不朽,灾难就降临了。

这个捷克出生的"乌鸦嘴",尽讲些让人难堪而又不朽的话。

虚构的略萨

JORGE MARIO PEDRO VARGAS LLOSA,1936—

记得当年读略萨的《胡利娅姨妈与作家》,当时有一种傻愣感,从此对作家产生了向往与疏远并存的矛盾看法。向往是,作家下笔如此坦率,说尽欲望而又富有诗意,让人着迷;疏远是,如果生活小说化,生活就成为一场天大的人生冒险。又因为经历是作家的重要财富,所以,为了使这财富更能推广以获得增值,作家就要主动去制造经历。结果,小说完全地给生活化了。

阅读完全生活化的小说确实有一种快感在,这是因为刺激来自生活而不是小说。但是,如果要去过一种像小说那样的生活,可能就会出现抑郁症,或染上裸露癖。

当然,我这样说,就充分证明我不可能成为一个写小说的作家。

其实,略萨的这一本小说,精彩的还不在于他自己的乱伦生活,精彩在于,他平行地写了一个近乎疯子的剧作家的故事,而且和自身的乱伦丝毫没有关系。

看来这里存在着一种微妙的暗示。

略萨想借此提醒读者,疯子剧作家是另一个他。

　　这就有意思了。一方面，略萨在放肆地乱伦；另一方面，疯子在疯狂地编剧。乱伦是因为内分泌溢出来了，无法自控。疯狂编剧是因为太渴望成功，所以一切都无法正常理喻。不能正常理喻，那就只能是正常地发疯！

　　再往下，作家是否借此而想告诉世界，我们就生活在一个疯人院里？

　　不过，略萨在诺贝尔文学奖的致辞中强调的却是"阅读和虚构"。阅读是重要的，但别把小说当真，小说是虚构的。

　　这就是略萨式的虚构，真实的虚构，虚构的真实。

像抚摸真理那样去抚摸物象

杜米埃是一个英雄

HONORE DAUMIER，1808—1879

1832年，一个叫杜米埃的漫画家，因为画了一幅讽刺法国国王路易·菲利普一世的漫画《高康大》而被判刑6个月。事实上，杜米埃画了不止一幅讽刺国王的漫画，只是这一幅的确太刻薄，让国王愤怒不已，因此惩罚了艺术家，并颁布禁止类似讽刺的命令。在一本描述百年西方讽刺漫画发展的专著《无情的镜子》中，作者指出，杜米埃是西方因讽刺漫画而遭囚禁的第一个案例。所以，他是讽刺漫画的祖师爷。作者告诫说，讽刺是需要付出重大代价的。他还提醒读者，讽刺漫画不同于动漫卡通之类，它应该叫作"视觉评论"。

如果说有批判现实主义，我觉得杜米埃就是一个真正的批判现实主义者。他始终以社会为对象，保持尖锐的态度，不留情面地揭露人生的黑暗。他的《第三等级》，包括《第二等级》和《第一等级》，就是这样的作品，直指当时社会的不公与贫富差距，让人难以忘怀。

由此而明白了一个道理：漫画是自由的尺度。

20世纪中叶，美国有一个漫画家叫史蒂曼，他不无得意地说，讽刺那些大人物，就像吃一顿稀少的大餐，必须狠狠地咀

嚼才对得起它们。他称这些被讽刺的"它们"是"动物",比如尼克松之类。他认为,"动物"们应该感谢漫画家,因为他们的工作竟然使"动物"出了大名。

  当然,这一切都是有代价的。

  所以,从任何角度看,杜米埃都是一个英雄。

李斯特的形容词轰炸

FRANZ LISZT, 1811–1886

我的听觉比视觉保守,只听古典音乐,同时也听香港许冠杰的粤语原创。说实话,我对古典音乐半懂不懂,基本不懂,所以只是听,知其一,不知其二,更不知其三。所知其一,也只是表层而已。而听许冠杰,大概因为我的母语是粤语,生在广州西关,在西关读小学和中学,尽管是标准的"捞松",但听母语原唱,比较容易入耳,何况歌词多俗字,内容多俗事,容易上心。

因为从小没有机会接受音乐训练,所以是个音盲,对声音反应偏于迟钝。

听李斯特的音乐,只是觉得旋律激情洋溢,起伏跌宕,听着让人难以入睡,心闹得慌。

这话应该接近瞎扯。

读过李斯特写肖邦的小册子。因为崇敬,诚惶诚恐地去咬文嚼字,希望增加修养。

不好意思,我得承认,一点也读不下去。满纸优美的形容词,像炸弹一样,把人炸得头昏眼花。因为信奉不动声色的简派原则,对于但凡过分的表达,都心生疑虑。但这层意思却不

能说出去，毕竟人家是音乐史有名的音乐家。因此，把小册子悄然放在书架上拉倒。

从历史来说，李斯特所处的年代，可能是一个过渡期吧。就像绘画中冷漠的安格尔和激动的德拉克洛瓦一样，要不装模作样，要不夸张浪漫。

当然，我读的是中译本。或许，李斯特的原文，形容还是有节制的吧。

末了，想补充一句：文体细事切莫等闲看。

纳达尔的巴黎工作室

THE PSEUDONYM NADAR, 1820—1910

在温哥华图书馆里,偶尔找到一本纳达尔的影集。前言第一段说:巴黎的邮递员只要看到收信人是纳达尔,就知道往哪里送。

因为,纳达尔的巴黎工作室相当有名。

在摄影界,纳达尔是最早使用灯光拍照的人。通过人工布光,他成功地把原来只属于学院派油画的典雅风格转移到了镜头中。于是,全法国的名人都希望到他的工作室去,在他的摆布下,留下一张安格尔式的黑白肖像。

我正是通过纳达尔的镜头,目睹了一批活跃在那个年代的法国文化名人的嘴脸。

纳达尔的本名很长,这是他的笔名,反而众所周知。他年轻时颇为激进,参与过极端的社会运动。中年去编杂志,去写作。他还是一个自学成才的漫画家,发表过不少作品。这个灵巧多动的人,怎么会放过摄影?不过,在干摄影的同时,他还去改进和制作于气球。最终,纳达尔扛着相机,坐上自己的升气球,飘到半空,俯拍了整个巴黎。于是,他成为空中摄影的第一人。

1874年，可能是那个年代最重要的一个画展开幕了，画展叫"无名画家、雕刻家、版画家协会展"。印象派正是在这一次展览中登场亮相的。

不过，很少有人留意到，展览是在纳达尔的巴黎工作室举办的。

纳达尔，他的摄影风格非常的学院派，他和当年那些边缘得不能再边缘的、像鬼画符一样涂抹的印象派画家，究竟存在着一种什么样的关系？

我对此很好奇！

多动的迈布里奇

EDWARD JAMES MJGGERIDGE，1830—1904

迈布里奇中年时遭遇了一次可怕的翻车事故，人被甩到车外，脑袋撞到地面上。

迈布里奇伤得很重，失去听觉、味觉和嗅觉，视觉恍惚，出现重影。治疗后情况有所好转，但留下了严重的后遗症，并从此多动起来。

康复期间，医生建议他去野外拍照，好躲避嘈杂的都市。不过医生并不了解摄影的复杂性，以为只是一种田园抒情而已。摄影需要扛着沉重的器材在外跋涉，需要长年累月待在暗房里与药水、底片和相纸打交道。这明显有违于大脑康复的要求。

但多动的迈布里奇居然因此而迷上了摄影。

后遗症几乎毁掉了迈布里奇。当他面对多次明目张胆挑逗其年轻妻子的情夫时，精神突然失控，一枪把对方给崩了。法庭上，律师辩护说他因大脑受伤而失控。富有戏剧性的是，陪审团认为，他的行为属于"正义"，是为男人荣誉而战。最后，迈布里奇无罪开释。

证明迈布里奇多动的还有，他申请了各种发明的专利，包括改进平版印刷方式，更新洗衣机设备，等等。其中，最重要的发明是"活动转盘"和"投射放映机"。这是电影出现之前的视觉玩具,通过轮盘放映连续画面,使静止图像变成活动影像。

迈布里奇由此成为电影的先驱。

迈布里奇还成功地把几十部相机排成一列,把快门线拉到地面上,利用机械和电磁原理,当马跑过去时,腿就会触发快门线,从而获得运动中的连续照片。

铁路大亨斯坦福和朋友争论,马在飞跑时究竟是如艺术家所描绘的那样"四蹄腾空",还是有一只脚落地。斯坦福说,此事不用争论,让迈布里奇去拍照,就会获得真相。

习惯于摄影艺术的人无法讨论迈布里奇的连续拍照,因为缺乏"审美"。这倒说明他不是摄影家,而是名副其实的实验科学家。他的历史意义在于,彻底颠覆了传统知觉的观看模式,预示了新时代的来临。

如果迈布里奇不多动,这一切可能都不会出现。所以,多动症具有伟大的历史意义。

马奈的风月之眼

ÉDOUARD MANET, 1832—1883

说马奈是艺术革命家,似乎有点过,他的先锋姿态更多出于本能,不肯违逆眼前的所见所感,迷恋一种因手绘而产生的笔触感,以及因笔触感而形成的造型节奏,不愿意把画面弄得像玻璃镜面那样光滑,把人物塑造得腻味无比。

马奈出生在上等家庭,父亲是律师,母亲有贵族血统。他从小受到良好的教育。父亲尽管比较霸道,但还是顺从儿子的心愿,放他去学艺术,还为儿子找了个学院派老师。同时,父亲还给儿子找了个美女钢琴老师。这钢琴老师来自荷兰,后来成了马奈的夫人。不过,美女钢琴老师似乎和马奈的父亲有点暧昧,来到马奈家不久,就有了个非婚生的儿子。儿子出生时用了母亲的姓,父亲自然就是马奈。但有史料提醒说,可能其生父是马奈的父亲。反正,此事到现在也模糊不清。不过,马奈对这丑闻好像没有什么抱怨,父亲一去世就娶了老师,婚后日子过得还算平稳。夫人一直是马奈的模特儿,出现在后期不少作品之中。他们夫妻的关系,有德加的一张作品为证。

马奈拥有一对天生的风月之眼,对活灵活现在繁华都市中或飘逸,或沉沦,或媚笑,或高冷的女郎有一种本能的向往,

尽管笔下女性多是用惯了的女模特儿。马奈还对世俗表情有深入的观察，所以他一直拒绝古典油画中的矜持。他画中人物的表情，让世界变得亲切而熟悉，就像扑面而来的现代之风。当然，熟悉安格尔优美风格的观众，就会气得彻夜难眠。

马奈刚过50岁就去世了。他死于坏疽，估计是梅毒和关节炎并发的结果。病症是性格的象征。在马奈的风月之眼中，梅毒引发的坏疽就象波德莱尔笔下的"恶之花"，在情欲中不住地摇晃，永远也不会停下来。

罗丹的抚摸

AUGUSTE RODIN，1840—1917

据说，罗丹做雕塑，先要把模特儿摸一遍，用触觉去体会形体的起伏，然后才开始。

现代舞的开创者、大美人邓肯，有一年去了罗丹工作室，拜见这个正红得发紫的雕塑家。罗丹愣怔地盯着眼前风姿万种的著名舞者，一声不吭地走到她跟前，伸出两只粗壮的手，闭着眼睛，开始了著名的抚摸，从她的脸、额头、鼻子、耳朵、嘴唇，然后到脖子、滑顺的双肩、柔软的手臂……

很多年以后，身处困境的邓肯写回忆录，不无依恋地回忆起这一段。她说，突然发现，根本就无法忍受这样仔细的抚摸，所以一转身就逃离了。不过，当她站在繁忙的大街上，略为清醒之后，又万分懊悔。或许，在慌乱中，她已经失去了一场另类的体验。

怪不得罗丹的雕塑总是隐含着某种气息，原来，他一直用手去抚摸。

罗丹说，女性美只有几个月。他不是靠眼睛，而是靠抚摸了解这一点的。

《青铜时代》是罗丹的成名作。在国家沙龙公开展出以后，因为太逼真，有人控告罗丹，说他直接在真人身上翻模，有违伦理道德。起诉没有成功，反而让罗丹名扬四海。这说明世人只关心逼真，却不知道，逼真来自抚摸。

当然，抚摸也带来了灾难。女雕塑家布罗代尔狂热地爱上了这个伟岸的男人。因为无法彻底占有，竟至精神分裂，狂躁抑郁，在医院度过了漫长的余生。据说，她每天念叨着的就是"罗丹"这个名字！

罗丹有一件雕塑，是一双相互交缠的女性之手。我怀疑这是布罗代尔的手，因为充满了抚摸的欲望。

罗丹还有一批与手相关的小型作品。神经质般的手，因抚摸而痉挛，手心中挣扎着各种姿势的女裸体。我想，主题也肯定是抚摸。

罗丹深刻地影响了布罗代尔。今天，当人们看到这个不幸的女雕塑家遗留的作品时，会惊讶于其中的罗丹因素。但是，熟悉了她的手法之后，再去看罗丹的作品，又不得不承认，内里的确有女性抚摸的深重痕迹在。

布罗代尔也深刻地影响了罗丹。

贵族图鲁兹-劳特列克的分裂生活

Henri de Toulouse-Lautrec, 1864–1901

图鲁兹-劳特列克是贵族出身，父亲是伯爵，母亲家族显赫。他父母是表亲，而且连续几代近亲结婚，隐性的基因缺陷累积着风险。图鲁兹-劳特列克小时候不慎摔断双脚，因为基因，尽管恢复了，但却不再长了，结果变成一个身体过长、双腿过短的模样，像一个侏儒。他还是独子，被寄托了延续家族荣耀的全部希望。当然，这希望最后变成了绝望。

这三点造成了他全部的人生悲剧。

父亲对侏儒儿子极其失望。他对儿子说：你不能骑马，还能干什么？哪有不能骑马的贵族？所以他对儿子撒手不管，甚至经常不回家，整天就骑马打猎，或者跑到巴黎鬼混。母亲成为儿子的全部希望。她带着儿子治病，寻找家庭老师，安排学业及绘画方面的学习。所以，图鲁兹-劳特列克应该有严重的恋母情结，这决定了他成年后和女性来往的混乱方式。

图鲁兹-劳特列克中学毕业后到了巴黎。他虽然考上了大学，但很快就放弃了，并且在蒙马特附近租了一间房子住，由此而认识做夜场的朋友，开始频繁地出入红灯区，结交红磨坊的各种奇异女子，依恋她们，长年酗酒，过着颠三倒四的生活。

他的艺术就是在夜场中出来的。他的艺术其实就是夜场的艺术。

夜场和贵族是势不两立的。贵族欣赏的是学院派艺术,是新古典主义中婀娜多姿的美丽裸体。所以,他父亲认为儿子的画是垃圾,就不足为怪了。

夜场艺术能够兴起,说明时代变了。变化的时代,却由一个贵族来达成其变化中的艺术趣味。这也许就是一种时代精神吧,如果有的话。

贵族、侏儒、夜场、女人、酗酒,还有新艺术,全集中在一个人身上。图鲁兹-劳特列克能不分裂吗?

最后,他死于酗酒。如果酗酒也是一种艺术的话,这个贵族以艺术的方式结束了自己的生命。

施蒂格里茨，绝非摄影家那么简单

Alfred Stieglitz，1864—1946

　　杜尚创作于1917年的《泉》震惊了艺术界，成为进入现代艺术必须跨越的门槛。至今西方艺术界对这件划时代的作品依然争论不休，而且彼此看法对峙，形同水火。

　　争论恰好说明，谈论20世纪的艺术，根本就无法离开杜尚和他的《泉》。

　　不过，《泉》的原作早已不复存在。今天，唯一的"原作"来自摄影家施蒂格里茨。当年，杜尚的作品被展览会拒绝以后搬到了摄影家开的画廊，然后被认真地拍了下来。

　　我们现在所看到的存放在全球著名博物馆中的《泉》，一共有20件，均来自1960年杜尚的授权，而以施蒂格里茨的"原作"（照片）为底本复制而成。

　　这提示我们，摄影，绝非拍摄那么简单。

　　拍摄《泉》的时候，施蒂格里茨的摄影事业正进行得如火如荼。不过，他其时更重要的工作是经营一家前卫画廊——纽约291画廊。中年时，施蒂格里茨偶然发现了美丽而年轻的女画家奥吉弗，于是默然为她举办了第一个展览，让她得以进入艺术界。后来，施蒂格里茨为了和奥吉弗在一起而选择离家出

走，并继续在推动她成为重要的艺术家方面起着关键的作用。施蒂格里茨去世以后，已经享有全球声誉的奥吉弗反过来开始认真整理亡夫的摄影遗产，以便重新肯定施蒂格里茨在美国现代摄影中不可或缺的重要价值。

晚年奥吉弗回忆自己的艺术生涯，对施蒂格里茨感恩不已。她指出，其艺术灵感正是来自与先生的生死厮守，以及成为他的裸体模特儿时的情感际遇与挫折，并由此而派生出来的身体的激烈反抗。

这再次提示我们，施蒂格里茨，绝非摄影家那么简单。

学霸康定斯基的调色板

WASSILY KANDINSKY，1866—1944

康定斯基是一个货真价实的学霸，学什么成什么。他大学的专业是法律，27岁获得博士学位，然后留在大学任教，成为令人羡慕的教授。

在30岁那一年，康定斯基做了个重要的决定，不做教授，而是去做艺术家。

他是认真的，只身一人跑到德国慕尼黑，进入慕尼黑艺术学院读书。尽管老师推崇伤感的浪漫主义风格，但却没有引起这个学霸的兴趣，不过他还是完成了学业，顺利毕业。

有一段时间，学霸康定斯基很郁结，因为对自己的作品非常不满意。为了掌握现代主义艺术的诀窍，他几乎把印象主义整个给过了一遍。所不同的是，康定斯基总是提纯颜色的饱和度，让画面闪烁着耀眼的光彩。尤其是青蓝色，这是他最迷恋的。

越来越经常地，康定斯基画完画之后就陷入了长久的沉思。他发现，眼前的调色板更加迷人，比自己的画好多了。

可是，调色板毕竟不是画呀！

有一天，康定斯基走进自己的工作室。他一推开门，不期然地被墙角的一幅画惊呆了,那简直就是纯然形式在放声歌唱!他急忙走过去,才发现原来是一张昨天的写生,但给倒放着了,恰好有一缕阳光从窗外射进来照在画面上,把画面的内容全给模糊掉了。

康定斯基恍然大悟!原来,是画面的具象妨碍了纯粹的观感。

原来,调色板的确就是一张画!

抽象主义就是这样,从一个学霸的调色板开始其辉煌的历史。

过了狂热的调色板阶段后,如何去论证随手涂抹本身的价值?这是一个重要的问题。

当然,这个问题难不倒学霸康定斯基。他很快就找到了理论依据。他坚定地说:艺术的价值正在于其精神性,这是艺术之所以成为艺术的全部理由!

康定斯基的意思是,调色板本身的确有精神性的存在。

赖特让流水穿屋而过

Frank Lloyd Wright, 1867–1959

赖特作为建筑家的名声,成就于他所设计的"流水别墅"。赖特让流水穿屋而过,这点子的确让人惊异。

不过,从日常角度观之,或可追问,流水穿屋而过的别墅,宜于居住吗?

有很多具体的细节要解决。生龙活虎般的流水,既带来自然的生机,也带来天生的麻烦。比如,水过少了,岩石的青苔之类会肆意生长;水过多了,涌进屋里,浸透地板,泡上家具,打湿电路,不及时处理,麻烦得要发疯。还有,流水中有各种美妙的生物,好看的是奇特的鱼类,但也会有某些看不见的生物,带来意想不到的事故。谁知道呢!偶尔听潺潺流水声,确是人生之一大超脱,但每天听着,还源源不断,单调不会上来?到那个时候,不想听也不可能,只能默默忍受。而对于渴望安静的人来说,这流水声简直就如雷声轰鸣,轰然不已,让你患上神经衰弱官能症,让耳鸣炸掉你的脑袋!况且,还会有异常严重的潮湿,弄不好,霉掉了一屋子的名贵……

等等,等等。

说坦率话,在自然与居住的关系方面,中国古典园林要让人念想许多!

苏州著名的拙政园,出自山水画家文徵明之手。他的设计思想,是把平生的山水经验落实为宜居的环境,置园林于意境之中。以大山为石,使流水成湖;竹影与柳叶晃动,间杂以花花草草。整体而言,不要流水的喧哗,而是要"随风潜入夜,润物细无声"。

仅"曲径通幽"四字,一步一景,步步胜景,而每得一幽微,足以让人感佩。

流水别墅这一案例总让我想,一个建筑家,一旦掌握了绝对的设计自由,他弄不好就会内化为艺术家,然后把房子设计成艺术品,只是,难以居住罢了。到了这一步,我说,建筑家们,你还不如直接去做一个艺术家。

好像20世纪几个杰出的建筑家,他们所设计的别墅,都是不宜居住的。当然,今天全都成了供人参观的场所,让人们在其中徜徉,好体会伟大的建筑思想。

流水穿屋而过,原来是一种思想。

没有成为艺术家的蔡元培

CAI YUANPEI, 1868—1940

蔡元培的事迹天下皆知。蔡元培的作为后无来者。

我有一个猜测。我一直以为,虽然蔡元培贵为中华民国首任教育总长,贵为北京大学校长,但是,他内心最希望的是,做一个艺术家。

要不,怎么解释他对于林风眠的特别器重?

1924年,在法国一个画展上,蔡元培认识了年轻的林风眠。之后,他跑到艺术家的住所与之长谈,大有相见恨晚的感觉。第二年,蔡元培偕夫人又来到法国。这一次他却去了林风眠在乡下的简陋寒舍,彼此共同生活了三天,临走时还留下三千法郎。

今天,我们知道,林风眠得以成为杭州艺专的首任院长,背后正是蔡元培的绝对信任。

蔡元培有过三次婚姻。除了第一次失父母之命外,后续两个都和艺术有缘。第二任夫人黄仲玉是个画家。第三任夫人周峻随其赴欧洲,业余时间学习艺术。

蔡元培的这一潜在愿望是通过他那多才多艺的大女儿蔡威廉而在某种程度上得以实现的。蔡威廉跟随父亲在欧洲生活,

潜心攻读艺术，学成归国后，成为杭州艺专首批西画教授。从蔡威廉留下的作品看，她肯定是那个年代最有才华的女性艺术家之一。

　　正因为蔡威廉成就了父亲内心的愿望，所以，她在父亲心目中的位置就非同小可。蔡威廉嫁给林文铮。蔡元培说，女儿找了个好人，可以放心了。蔡威廉不幸早逝，林文铮为此伤心不已，遂辞去公职，潜心佛门，超度亡妻之魂。蔡元培听闻女儿去世，写悼念文章《哀长女威廉》，以寄托相思。

　　1940年蔡元培在香港去世，临终前不断念叨着的，正是长女蔡威廉的名字。

　　女儿和艺术已经融为一体，呼唤长女，就是在呼唤艺术。

踢不死的马蒂斯

HENFI MATISSE, 1869—1954

徐悲鸿把此人叫"马踢死",来表明自己对他的厌恶之情。徐悲鸿甚至说,如果此人得势,他将披发进山,永不入世。可惜徐悲鸿错了,首先,以他如此热爱世俗生活的态度,他不可能披发进山;其次,马蒂斯比起他当年在法国的老师达仰可是出名多了,两人简直就不在一个台阶上。今天,如果不细心查阅有关档案,人们大概不会知道达仰这个曾经担任巴黎国立高等美术学院油画教授的人,可所有学艺术的人,所有从事艺术的人,所有热爱艺术的人,都一定知道马蒂斯。而且,还不能不知道,否则会被开除"艺籍"。

马蒂斯向往东方,他果断地取消绘画的深度、复杂的色彩关系和全因素的"图绘"风格,他迷恋平面性、流畅的线条与综合的色块。西方现代美术史说,马蒂斯是"野兽派"的头领。人们由此认为此人一定野蛮而又放荡。殊不知这是天大的误会。马蒂斯的理想不是"野兽",而是"安乐椅"。他希望人们欣赏他的画就像躺在安乐椅上,眯蒙着双眼进入唯美的梦乡。无论是其为人还是生活态度,包括趣味,和"野兽"没有一根毛的关系。

马蒂斯说,他努力使绘画变得"容易"。他讨厌所有看来难度很高的画。不是说马蒂斯的画简单,而是说,他巧妙地把难度给藏起来了。他的画的难度是,如果你去模仿,你只能得到一张典型的表面化的马蒂斯风格的画作,既缺失构成,又缺失自我。

从历史来看,我倒理解徐悲鸿的观感。他千辛万苦不顾一切去法国取"写实"的真经,怎么会瞧得上马蒂斯的"东方风格"?徐悲鸿是有野心的,他打算取得写实的真经后,回来中国"开宗立派"。如果他拿回来的是马蒂斯,如何向国人交代?

伟大的艺术家都是不可学的,只能去欣赏,去体会,去玩味。马蒂斯就是其中一个例子。这一点徐悲鸿不懂。在中国,在那个年代,谁懂呢?我想,有两个画家,一个是肯定懂的,一个是应该懂的。前者叫陈师曾,后者叫齐白石。

有意思的是,徐悲鸿回中国后成功了。今天,徐氏学派仍然是中国高等美院写实体系的核心。这说明了什么?

罗宾逊的奇异装置

WILLIAM HEATH ROBINSON，1872—1944

20世纪初，英国漫画家罗宾逊和他的创作居然变成了一个专有名词，叫"罗宾逊的奇异装置"（Robinson contraption），给编进了英文词典，广为流传。

罗宾逊漫画的题材是微不足道的生活目的，却用过度复杂的装置去解决，装置所依据的又是一目了然的机械原理。比如，早上喝咖啡，晚上剃头或洗澡，躺在床上关灯，到花园修剪树枝，等等，居然都有装置代劳。可是，为了启动这些装置，其麻烦程度却又超出了做事本身。罗宾逊漫画的笑点是，目标过于单一，原理过于简单，操作过于复杂，在解决问题和操作装置之间完全不匹配，为此而让人陷入哭笑不得的境地之中，只好一笑了之。

我在北美闲居时，有一天逛图书馆，偶然在书架上找到了罗宾逊画的一本漫画《轮子和食物》。其时我对此人完全不了解，可是，翻阅时，马上就给书中的想象力吸引。之后，我一口气找了他几十本书，全是漫画专集，给我留下深刻的印象。后来找到了一本他的传记，才知道此人的经历。罗宾逊原来是一个插图画家，但很快他就厌倦于插图，因为插图总要配合别

人的文本，独立性不够。所以他开始了自编自画的历史，作品一出来就引起广泛的关注，很快就传遍整个欧洲乃至西方世界。今天来看，他的漫画书，应该属于比较早出现的文图类读物。

不过，在中国，却几乎无人知晓此人和他的艺术。

消失的文化人朱启钤

ZHU QILING, 1872–1964

朱启钤的政治生涯过于显赫,以至我们忘记了,他还是一个非同小可的文化人。

漆艺是中国固有的传统。早期中国考古已经发现大量的精美漆器,说明古人在这方面成就非凡。但是,关于中国漆艺的专著却只有一本,为明代黄成的《髹饰录》。此书久已失传,唯日本留下一手抄本,珍贵无比。朱启钤从日本著名美术史家大村西崖处获知此事,遂辗转求之,终于得偿所愿,重刻再版。王世襄则对此书详加注解,与遗留的漆器实物两相对照,使其得以广为流传。

朱启钤更重要的发现是石印本《李明仲营造法式》,为宋代官修,失传多年。1919年,南北和谈期间,朱启钤公务繁忙之余,在江南图书馆找到了此书,借出研读,才明了中国传统建筑的价值与意义。于是,他出资校勘,聘请著名刻工精刻精印出版,使之重见于人世。有意思的是,书成之后,朱启钤送了一套给梁启超,梁启超则寄给了远在美国宾夕法尼亚大学读建筑学的儿子梁思成。

梁思成收到此书,先是兴奋,接着沮丧,因为读不懂。不仅是由于其中名词太过诗意化,需要重新注解,更重要的是,书中所有的建筑插图都是近似画法,结构不明,比例不确,体量不对,缺乏现代建筑绘图的行业标准,无法精确复制。

某种意义上,梁思成的一生都在为这本宋代的官修书做注解。

朱启钤又何尝不是为此书的确解与再生而做出他平生最重要的文化决定?1930年,他以私人之力成立"中国营造学社",礼聘梁思成、林徽因主管法式部,开始了系统的中国古代建筑的田野考察,用以廓清营造技术的历史演变与流传,为中国传统木制建筑的结构断代与风格传承建立可靠的标准。

关于中国古代建筑史的演化框架,基本原则就写在梁思成1934年首版的《清式营造则例》的前言里。此文由林徽因执笔,文笔流畅,简要地描述了中国营造学科的大致轮廓。其中关键是,确定以斗拱为核心构件,使之成为传统木制建筑的断代依据。

"中国营造学社"本身就是一部现代中国文化的独特传奇。

仅凭这一点,朱启钤理应名列文化人之列而被载入史册。可惜世人只记得他位极人臣时的辉煌,忘却其杰出的贡献。

历经五代剧变的朱启钤,原来他的成就在文化的复兴。

拉赫玛尼诺夫,他就在身边

SERGEI VASSILIEVITCH RACHMANINOFF,1873–1943

拉赫玛尼诺夫于我有一种情感上的特殊性。

进入新世纪之后,我侨居温哥华,参与当地一个讲粤语的电台的早晨时事评论,早上八点半开始,九点半结束,一个小时讲四段:两段国际新闻,两段中国新闻。每天要提前半小时到电台,浏览当天的中英文报纸,以确定讨论的主题。

进入深秋,温哥华的日照时间逐渐变短,早上八点多天边才有些许的惨白,露出黎明的气色,寂然而缥缈。初冬以后,九点多才会渗出点滴的亮光。我每天早上独自起床,独自坐公车,独自去电台。

走出家门,四周漆黑一片。等候公车、上去、坐下、到站、下来,几乎一人。

为了对抗摸得着的孤独,每每戴上随身听,放的正是拉赫玛尼诺夫第二、第三钢琴协奏曲("拉二"和"拉三")。

无边的苍穹压迫着渺小的肉身,耳边却是悠长的钢琴声,伴随着旋律的起伏悄无声息地潜入体内,搅动着懈怠而麻木的魂灵,时而昂藏,时而奋然,时而充实,时而空茫,甚至会"听见"细胞蠕动的细碎,从内向外,从容地、毋庸置疑地迈向堕落且逼仄的宇宙。

整整一个冬天,从"拉二"到"拉三",回到"拉二",再到"拉三",周而复始,循环不已。我怀疑心律已然习惯于这一节奏,生命的节拍就按其中的步子无情地损耗着有限的能量。

我对古典音乐一知半解,读不懂五线谱,喜欢与否,知其然不知其所以然。贡布里希说,什么是好的作品,无法解释,入门的办法是,也只能是,相信我,我告诉你拉斐尔是好的,你就去阅读他的一切,以他为对象,然后发现,拉斐尔果然是好的,由此而建立起一个标准,就能明白,什么是好的艺术。

读大学时,有老师说,"拉二"是最好的钢琴协奏曲。听着,入耳。又说,"拉三"是最好的钢琴协奏曲。再听,又入耳。然后问老师,"拉二"和"拉三",哪一个最好?老师愣然,无法回答,只能说,都好。那表情,给我留下了深刻的印象。

不过,那时只是觉得旋律入耳而已;也知道,"拉二"淡然,"拉三"荡然。好在哪里,差别是什么,并不清楚。

在温哥华的那一年冬天,我终于知道"拉二"和"拉三"好在哪里,如何好,为什么!否则,我怎么会反复去听呢?当

然，若要具体说出，如何形容其好，描述其原因，我却又做不到。我只能说，"拉二"和"拉三"，在那寒冷的日子里，在人生堕入低谷的岁月中，成为我的生之体验，前所未有。

至今仍然无法忘怀这一感受，总觉得，拉赫玛尼诺夫，他很亲切，就在身边。

理性的"儿童画家"克利

PAUL KLEE, 1879–1940

儿童作画是本能,画"儿童画"却是理性。

心理学家已经证实,两三岁的儿童,随手涂抹,样式上有高度的一致性。涂抹期过了以后,大概到了七八岁时,才出现"早期现实主义"。十岁以后,儿童心智有了飞速的发展,开始具备某种抽象思维能力,于是在视觉上就会日益向往成熟的风格。在这里,所谓"成熟",指的是逼真的描绘。

但是,要模仿儿童绘画,就必须分解其中的画法,总结可能的样式,包括对稚拙线条的琢磨。困难还在于,如果你已经接受了系统的训练,要想回到儿童样式中去,却因手感的差别和观看的惯习而几乎不可能。从这一点看,所谓"坏画",都是精心建构的结果。

更大的困难还在于趣味。没有脱胎换骨,怎么会在儿童本能的涂抹中看出"艺术"?

在某种程度上,这就是决心投身艺术的克利所面临的现实问题。

对于克利来说,程序上可能要翻转一下:先解决趣味,再解决样式,最后解决画法。其中,趣味是一种社会现象。只有

趣味领先了,才会有样式与画法的革新。所以,所谓艺术革命,首先是一场趣味革命。

克利的理性可想而知。

恰好克利生活在一个急剧变化的时代,又恰好他遇上了一所观念先锋、全面革新旧有艺术理念的学院——包豪斯学院,成为其中的教员,从而获得了一个发挥其才能的最好平台。

包豪斯学院终结于纳粹,因为希特勒不喜欢多样性。克利则被逐出教门,作品成为反面教材。晚年克利郁郁寡欢。《死火》是他临终前的作品,既是悲哀的自况,更是理性的绝望,尽管样式仍然"儿童"。

斯特拉文斯基的祭品

IGOR STRAVINSKY, 1882—1971

很多年前,第一次听斯特拉文斯基的《春之祭》,没有缘由,竟然听进去了。之后,《春之祭》成为我常选的曲目,不时拿出来听听,也好顺便回望一下已经消逝了的20世纪80年代。

知道斯特拉文斯基在音乐史上有了不起的地位,是一个联结古典与现代的重要人物。他在巴黎的时候和毕加索交往甚密。毕加索为他画过两张肖像,虽然是速写,但是"传神写照",都在这潦草的几笔之中。

《春之祭》是舞曲,表现一个少女,因为是祭品,一直不停地跳舞,跳到死去。

典型的浪漫主义。少女、舞蹈、死亡,以及献祭!

无缘由地,想起爱伦·坡不知在哪里说过的一段话,大意是:世界上最美丽的是少女,世界上最可怕的是死亡,世界上最动人的题材是少女加死亡。

我想,今天那些已经空前觉悟的女权主义者一定对此感到有一种从内向外的愤怒。为什么这个祭品不是一个男人?至少是个美少年,让他也去跳舞,跳到死去!

历史上还有"少女加男人头颅"的逸闻。比如,犹太少女

朱迪思果断地砍下亚述将军赫罗弗尼斯的脑袋,然后,提着他血淋淋的头露出了灿烂的微笑。又比如,希律王之女莎乐美用金色的盘子盛着施洗者圣约翰的头,像跳舞般优雅地走进了父亲的生日晚宴……

西方历代画家不断地描绘这死亡加美丽的故事,从文艺复兴画到 20 世纪。

所以,《春之祭》正是斯特拉文斯基的祭品,他以此隆重地献给现代主义艺术。

空洞的莫迪利亚尼

AMEDEO MODIGLIANI, 1884–1920

从莫迪利亚尼留下的仅有几张照片看,他绝对是个俊男,风度天然而又翩翩,斜着明亮的双眸,里头总透露出一种与荷尔蒙等价的肉身力量,让承受者呻吟不止。

偏偏他是一个坏男孩,无休无止地酗酒,没完没了地放纵,一身坏毛病,天生的。

他的聪明绝无仅有,也是天生的。

他在巴黎和布朗库西混在一起,深受这个罗马尼亚现代雕塑家的影响,做了一批石头雕塑。这批雕塑形式上直奔原始主义,造型颇为单纯,质感很是丰满,把布朗库西拼一生性命摸索来的诀窍,愣是给搞得彻头彻尾一点也不含糊。

还好,莫迪利亚尼绝不抄袭,在保留布朗库西造型意味的同时,完全是自我的感受。

他的感受是什么?

他一辈子最重要的感受是,而且几乎唯一是,女人!

这个意大利犹太人,一出手画的女人,就独特到了无以复加的程度:长脖子,略微弯曲,脸稍倾斜,面无表情。

重要的是,这些女子全都没有眼珠子,只有空洞的眼眶,

绝望地嵌在瓜子形的脸上,不断发出一种难以言明的诉求,像子弹,直向你击打而来。

没有眼珠!

这个莫迪利亚尼,他怎么能想出这等形象?

他最后死于酗酒,40岁还不到。死后三天,他的崇拜者、他的模特儿、他的妻子,纵身从楼上跳了下来。

或许,冥冥中,莫迪利亚尼正在向她召唤,用一对没有眼珠的空洞的眶。

"国际主义"战士密斯

Ludwig Mies van der Rohe, 1886—1969

开创20世纪现代主义建筑的几个大人物都没有正规的建筑学文凭,密斯是其中一个。

密斯是干出来的。他很早就发现自己有某种设计天分,知道如何运用纯粹的空间,而且比较放手地使用钢架和玻璃。

密斯的名言是:"少就是多。"这句话的另一个说法是:"装饰就是罪恶。"

钢架和玻璃,够少的了,从中看不出什么"装饰",也就是那些拧麻花般的复杂纹样。后来才知道,这两种现代材料,用多了,就成为装饰。这就像建筑空间,无用的搞多了,也是一种装饰。

密斯是包豪斯学院的最后一任校长。学校被纳粹关闭之后,他到美国寻求新的发展。包豪斯的几个中坚人物先后都去了美国,比如创始人格罗皮乌斯,以及产品设计家纳吉。不过,有趣的是,同是去美国,格罗皮乌斯不怎么吃得开,只能在哈佛建筑系做教授,密斯却混得风生水起,不仅弄到重要的大活,设计出若干影响建筑界的高楼,而且,他的思想还一度成为西方建设的主流,被尊称为"国际主义风格"。

"少就是多",意味着建筑纯粹为空间而存在。"装饰就是罪恶",极端的表现甚至连弧线也要反对,不是直的就是竖的,像硕大的矗立云端的长方形盒子。

"国际主义",一语概括之,就是用空间干掉所有可能的民族样式和另类象征,不管它是古典的、东方的,还是非洲的,必须统一到平直竖斜的几何学上去。所以,简单来说,"国际主义"就是"几何三义"。

最后,密斯受到了批判。别人针锋相对地说:"少就是烦!"

原来,建筑的"后现代主义"是从"烦"密斯开始的。

韦斯顿像抚摸真理那样去抚摸物象

EDWARD WESTON, 1886—1958

摄影因光而存在。摄影就是对光之瞬间的切片,本身是一种媒介。如果这一定义有效,那么,所谓摄影,就是光的现象学。

不过,世人的惯习是,摄影是一种图像。就像过去的艺术是一种图像那样,本身具有某种描述性。否则,它究竟是否属于艺术,会成为问题。

因为,我们所看到的艺术,基本是在描述。明白的叫故事,高级的叫隐喻,更高级的则叫意境。19世纪俄罗斯画家苏里科夫《近卫军临刑的早晨》,是历史故事;17世纪荷兰静物画家们笔下的瓶瓶罐罐、水果蔬菜、桌上食物之类,均指向耶稣的存在,是隐喻;元代画家倪云林的山水,是意境。

摄影一按快门,图像就完成了,不像画和塑,技巧复杂。所以,在很长时间里它都不是艺术。摄影从一出生起就努力在为其艺术地位而奋斗。为了这个艺术,摄影家不惜让镜头中的图像去讲故事,去做隐喻,去表达意境。

结果,摄影本身却被丢弃了。人们茫然,摄影跟在传统艺术后面,究竟想干什么?

毫无疑问，韦斯顿的摄影为此提供了一个绝妙的答案。

他的摄影是对光的分析。他强烈地渴望着，把光照射到物象上的所有层次都明白无误地呈现出来。而且，他发现，当他这样去看待物象时，物象本身所隐含着的结构，一种纯粹形式感的构成，也因之而表露无遗。

他拍青椒，他拍螺壳，他拍女人体，也拍景色，从物象角度看，本质都是一样的，皆因光之存在而自我印证。

在韦斯顿看来，物象就是真理，就是摄影之所以成为摄影的全部依据。

64光圈，景深近乎无限，让图像均匀覆盖着世界的光，每一个细节都得以呈现。这只能通过摄影，在镜头中，在暗房里，物象因之而成为有质感的表象事实。

韦斯顿一直都在体察入微地像抚摸真理那样抚摸着物象。这可是一种独特的视觉抚摸，在一瞬间完成，却经历了漫长的岁月。

Edward Weston
1886~1958

撒一泡尿给杜尚

MARCEL DUCHAMP,1887—1968

据说,我的朋友吴山专曾经跑到欧洲某家杜尚博物馆,对着他著名的《泉》撒了泡尿。

事情是这样的:因为对着"艺术品"撒尿,所以吴山专被当场逮着了。审判时,法官知道他的"撒尿"是一件行为艺术,决定不让他的成名欲望得逞,判他当场做清洁若干个小时。我想,吴山专做清洁时,肯定情不自禁地沉浸在成功的喜悦之中。

后来,我又听说这事的另一个版本:吴山专撒尿时,警铃响了。机警的守卫马上来到现场,首先忙着清点艺术品,看看有没有什么东西给丢失了。等他终于闻到一股尿骚味时,吴山专早就一溜烟跑掉了。

终于见到了吴山专,询问此事真假。吴山专听完后,哈哈大笑。他告诉我说,他喜欢第一个版本,如果真是那样,他就扬名全欧,不至于四处晃荡。至于第二个版本,他就不置可否了。反正,他就是没说是真还是假。他不说,我就对真假不得要领,只能"假做真时真亦假"。相反,吴山专认真地对我说,其实杜尚根本就不认为他的小便池是一件艺术品,当年他之所以这样做,本意是想告诉观众,这不是艺术品。既然送展的不是艺术品，那么，展览也就和艺术无关了。所以，组织者断然拒绝了杜尚的要求，并违反展览不设审查的规定，退回这只小便池，这是明智的。不过，事后艺术界又把小便池看成是艺术品了，而且越来越看重，直到今天。

其实，《泉》就是小便池，是用来小便的。

吴山专的意思是说，是公众，是艺术界，而不是杜尚本人，把他的作品当真了。

果然如此吗？

反正，写20世纪现代主义艺术史，无法绕开这个人，无法绕开小便池，也就是《泉》。一旦面对这个人和这件东西，马上就分出两大派，痛骂的和吹捧的，彼此势不两立，针锋相对。反而杜尚清净，有一天宣布，所有艺术都已做完，从此退出艺术界，只下国际象棋。然后，他就真的不干了。

当然，不干本身也是一件艺术品。

可见，撒尿不是撒尿那么简单，撒尿就是艺术。

（注：吴山专之事只是传闻而已）

住宅机器的设计者柯布西耶

Le Corbusier，1887—1965

几个早期走向新建筑的开创者中，我以为唯有柯布西耶称得上是开宗立派的人物，他的地位，就像艺术界的塞尚，当之无愧，无法撼动。

现代主义设计既不能简单归类为"少就是多"，也不能随便下结论说"装饰就是罪恶"。如果仔细分辨，这些都是陈述句，不是指标性的结论。只有柯布西耶提出的现代建筑的五项原则，才具有指导意义。这五项原则是：底层架空柱、屋顶花园、自由平面、横向长窗和自由立面。

稍微分析一下这五项原则就会发现，一方面，它是构建的基础；另一方面，它又是设计的起点。其中，关键是"墙柱分离"。在结构上先要让柱子单独承重，然后才能把墙面解放出来。否则，长窗的愿望就会落空，自由立面也无从实现。

"墙柱分离"？我们的祖先不是早就"墙柱分离"了吗？中国传统木质结构建筑，其营造基点恰恰是先柱后梁再加盖大屋顶，墙从来不承重，所以，窗可以开得很宽敞，以便最大限度地采光。

有人曾经就此给出了简洁的总结：西方建筑是堆垒式的，

中国建筑是框架式的。其中，所谓"框架式"，指的就是这个"墙柱分离"。

不过，也别高兴得太早，以为我们什么都"古已有之"。老祖宗可没有一丝一毫的"自由平面"和"自由立面"的概念。我们在盖房子时，内里空间已经按照社会等级划分好了主宾，丝毫不能僭越。中国传统建筑背后的原则，正面说法叫"礼制"，真实意图是等级尊卑。而自由和等级是没有关系的，更无涉尊卑，依地形与功能划分就好了。

因为，柯布西耶认为，住宅只是居住的机器，不是社会地位和权力的象征，如此而已。

而已……

伊顿的一把火

JOHANNES ITTEN, 1888—1967

今天,所有艺术设计教学中的构成课程,都要感谢这个叫伊顿的瑞士人。不仅如此,感性的色彩能够进入教学,成为一套行之有效的理性范式,也要感谢这个人。他是格罗皮乌斯创建包豪斯学院时最早聘请的3个著名艺术家之一。他在魏玛时期的包豪斯学院所做的最大贡献是,建立了一套行之有效的"初级课程",其中的内容,演变到现在,就是"三大构成":平面构成、立体构成和色彩构成。

不过,我很早就对美术学院设计教学中的这些构成课一肚子看法,因为枯燥,因为呆板,因为没有意思,因为缺少刺激,因为很无聊。想当年,伊顿可不是这样去教学的,他满怀激情创建这一课程,内里根基本来就不是设计,而是拜火教。

伊顿是虔诚的拜火教教徒。他上课时穿着自己设计的长袍,在课室中间先烧起一把火,然后,要求同样穿着奇异服饰的学生以各种姿势和动作,围绕着这一堆火跳跃、呼叫和转圈子,一直到把他们的情绪全给带起来了,才用沉稳的声音,缓缓地说:"现在,我们有三个基本形——三角形、圆形和正方形,我们还有三种原色——红色、蓝色和黄色,我们的任务是,用这

些基本因素去创造一个全新的世界!"

然后他果断地说：开始吧!

伊顿的这把火烧得太旺了，以至于格校长的夫人私下也抱怨说：一进学校就闻到火味，包豪斯都快成为拜火教的教堂了。

理性而懂经济管理的格罗皮乌斯校长也无法忍受这种完全违背他的教学原则的做法。不过，他是一个狡诈的人。有一天，他对伊顿说，你最重要的事应该是拜火教，可是，现在的教学占用了你太多的时间……天真的伊顿觉得老板说得太有道理了，于是果断辞职，好专去侍奉拜火教。为了对学校负责，他还找来一个理想的人，这个人就是著名的艺术家克利。

伊顿走了，包豪斯的表现之火也就熄了。随后便出现了最早一批包豪斯的工业设计产品：著名的壶、著名的风扇，以及著名的"瓦西里椅子"。这些产品很经典，就是和火没有关系。

反摄影的曼·雷

MAN RAY, 1890—1976

　　我必须指出，曼·雷是先锋艺术当中一个玩图像的奇特专家。他弄摄影，不是为了拍照，而是为了奇异的视觉效果，所以他才把超现实主义带到个人的实验中——通过镜头，更通过化学药水，以及在暗房里各种不为人知的折腾。坦率说，暗房就是曼·雷的心脏，光线在底片上的闪烁则是他的思想。这个优雅的美国人，日复一日、不知疲倦地在幽深的暗房里神秘地操纵着幽暗的灵魂。他的操纵术，专业界叫"中途曝光"——一种实体和影子相互疏离的独特呈现。我想，正确名称应该叫"摄影巫术"。

　　曼·雷和那个时代大部分有教养的美国人一样，喜欢文化的欧洲，讨厌庸俗的美国。他待在法国巴黎，生活在超现实主义和达达主义的圈子里，直到最后。从根上来说，曼·雷和摄影并不合拍。甚至，他一直在反摄影，因为他既不纪实，也不抓拍。摄影，自诞生以来，就想着法子变成"艺术"。曼·雷却从来也没有考虑过这一点。有意思的是，他反摄影，却不粗俗，不愤怒，更不批判，因为他不需要。

　　在那个年代，摄影如果没有曼·雷，艺术大概会瞧不上这

个工匠技术活。有了曼·雷，20世纪二三十年代的先锋艺术才有了摄影的位置。

那个时候，谁又能料到，在电子媒体时代，摄影竟然比绘画还重要?!

敏感者本雅明

WALTER BENDIX SCHOEFLIES BENJAMIM, 1892—1940

1839年摄影术的发明,是人类视觉史上的重大事件。

以此划界,视觉史或可分为两段,之前是以手工绘制为主要手段的风格演变史,之后则是以摄影为技术基础的视觉生产史。

在风格演变史中,艺术家是主角,是天才,他们依据承传有序的图式去创造。艺术品则高居于趣味的云端之上,让民众只能仰望。而在视觉生产中,机器观看与技术复制成为主要方式,尽管图像在形式上仍然存在着大量旧有的痕迹,但归根结底,因为其产出流程已经改变,所以,创作变成了生产,批量替代了独幅,作品演变为产品。

重要的是,随着相机的普及,图像最终变成了一片海洋。于是,视觉的平民时代也就降临了。

当然,如果活在1839年前后,目睹摄影术的出现,亲身感受那个时代独特的历史氛围,可能并不能意识到上述所说的转变,更遑论界界意识了。所以,有很长一段时期,人们根本就无法廓清摄影这一事实。

摄影究竟意味着什么?

　　从历史来看，第一个尝试回答这一问题、深刻揭示摄影的意义、挑明其中的价值的，正是生前一直在学术上挣扎、个人结局充满悲剧性的犹太学者本雅明。

　　本雅明很有点先知的意味在。

　　先知一定是敏感的。本雅明就是一个少有的时代的敏感者。对摄影的认识只是其中一个例子而已。其实，我更着迷于他对巴黎诸多细节的诗意描述，一种介乎散文与学术之间的文体，总是让人恍惚，徘徊其间，不忍离去。

　　他是从为旧巴黎留下遗照的尤金·阿杰特的摄影开始其写作的，也是从对摄影持悲观态度的诗人波德莱尔的文字中去感受的。

　　大概，这当一正潜藏着一种敏感。

格罗兹:刻薄是因为愤怒

GEORGE GROSZ, 1893—1959

年轻的格罗兹内心充满愤怒。他思想左倾,行动冒险,积极参与各种具体的反抗。漫画只是他用以反抗的武器之一。不过这件武器非同小可。

格罗兹用尖细硬朗的线条、夸张奇异的造型,刻画了一系列自大、愚蠢、颟顸、做作的资产阶级形象,风格明确而有力量。一战期间,格罗兹加入德国军队,得以近距离观察军队中伪善的人际关系,这促使他把批判的锋芒对准了让德国人自豪的军队。为了增加嘲讽的力度,格罗兹甚至让耶稣入伍,让圣人受尽军官的冷眼与排斥。

结果,他被起诉了,判罚 300 马克。而这只是此后一系列起诉的开始。纳粹崛起时,曾经搜捕这个讨厌的漫画家,格罗兹机智地装扮成家庭勤杂工才得以逃脱。

格罗兹不能见容于纳粹德国,所以,希特勒一上台,他就赶紧逃离到了美国。成为美国公民后,格罗兹却不再去作讽刺画了,他热衷于一般的裸体和风景,虽然后来出版了一本自传,回忆年轻时的愤怒事业,但才气显然已成明日黄花,只能在遥想中偶尔闪烁。

压抑的现实造就了愤怒,并让讽刺成长为刻薄,刻薄凝聚为艺术。没有了压抑,面对优美的风景和性感的裸体,讽刺只好随愤怒与刻薄而退场。

晚年的格罗兹重返德国柏林,去寻找年轻时因愤怒而留下的痕迹。在熟悉的街区,不知道他找到了什么没有?我估计他什么也没有找到。

格罗兹老了,走不动了,他在家乡合上了衰朽的双眼。最后一瞬间,他应该想到了愤怒的刻薄,或者刻薄的愤怒。

摩尔的自然之手

HENRY SPENCER MOORE，1898—1986

摩尔说，世界上，形盲的人远多于色盲的人。他的意思是，很多人会为好的色彩激动，却很少为好的形而兴奋。摩尔还说，他和米开朗琪罗的不同是，米氏在一块冰冷的大理石上看到了温暖的女人体，他却只是在雕凿一块像女人体的石头而已。

摩尔说，把河滩上的鹅卵石握在手心，闭上眼睛，用触觉去体验，千百年来的流水竟然可以把一个形冲洗得如此完美。他还说，紧紧地握着一根牛腿的胫骨，同样闭上眼睛，然后，从头到尾缓慢地抚摸下来，就会发现，其中形的转折，是多么的自然，超出了所有人为的努力。

这说明，摩尔对形的体会来自触觉。或者说，摩尔坚定地把视觉裹挟在触觉里，让触觉成为引领视觉前行的向导。

对于摩尔来说，这个触觉不是人之手，而是自然之手。

什么叫人之手？人之手通过观看，让视觉停留在物象表面，好去体会从内向外的形的起伏。这就是罗丹的方法。罗丹用粗糙的双手仔细地抚摸对象，好让形的细微变化在手中呈现，然后再去塑造。对于罗丹来说，视觉是先导，触摸是让视觉细腻的有效途径。摩尔则相反，他根本就不屑于这样去做。他反对人之手，他要去寻找一只自然之手。自然之手是广阔无边的一种空间力量，是从外向内不为人知地塑造万物的一种时间过程。摩尔很清楚，世间万物全都是这只自然之手的直接结果。形正好藏在自然之手的触摸当中。

摩尔的自然之手还在形体中自由地穿行。他作品中诸多的洞，或大或小，或圆润或突兀，或单个或成组，让一个似乎独立单向的形由此而变得通透，把这一面与另一面巧妙地联结为整体。在摩尔的作品中，这些个空洞就是一条独特的变动之中的形的走道，它彻底地改变了三维这一事实，从而滑向了单体的多维存在。

可惜，世人多不能理解摩尔的自然之手，因为他们根本就无法想象，一种从外向内挤压的时间，一种多维运动变异的空间，究竟意味着什么。

摩尔只好单身一人站在田野上。他知道，自然之手正在触摸着万物。

布拉塞的夜之眼

BRASSAÏ, OR GYULA HALÁSZ, 1899–1984

这个法文名叫布拉塞的匈牙利人,从小向往巴黎,青年时代来到这座繁华的都市,目标是学习雕塑,做一个捏泥巴或打大理石的艺术家。没想到巴黎的夜晚比白天更让他着迷,结果,年轻的雕塑学徒布拉塞每天晚上扛着相机出没在充满危险的街道、肉体横陈的夜场,以及热情洋溢的酒吧,拍下一张又一张夜巴黎狂欢的秘密。

有一次,布拉塞说,他扛着相机经过一条街道,看见路边一楼一扇窗户,窗帘后面一对男女正在放肆地亲热。他悄然向前,架好相机,准备好闪光灯,然后,把窗帘突然拉开,按下快门。随着刺眼的闪光灯,霎时一阵惊恐的鸣叫,接着是愤怒的骂声。等到这一对苟且的男女回过神来 只看见布拉塞扛着相机匆忙逃逸的背影。

又有一次,还是布拉塞自己的描述,他正在房间整理什么,突然门被踢开,冲进一粗汉,是黑社会的一员,狂叫着冲过来。布拉塞偷拍过此人,或许惹了麻烦,被寻机报复。绝望间,街头响起了警笛声和吵闹声,粗汉一愣,匆忙转身离去,边走边嚷:看什么时候收拾你!之后,布拉塞马上逃离,再次避免

危险。

有一段时间，布拉塞和作家米勒住在一起。米勒生活在纸醉金迷灯红酒绿之中，用粗烂的语言写乱性的艳情小说，和布拉塞的夜晚拍摄异曲同工。米勒戏称布拉塞为"夜巴黎的眼睛"。几年后，他有机会出版影集和做展览，题目就是米勒所说的"夜巴黎的眼睛"。

结果，雕塑学徒布拉塞成了一个摄影家。

不过，他拍的不是"纪实"，他是名副其实的偷窥，是揭开夜巴黎神秘面纱的第一人。这一点和夜场艺术家图鲁兹－劳特列克完全不一样。图鲁兹－劳特列克是自我沉浸其中，成为夜场中的一员。布拉塞却只是站在一边，偷窥的同时适时地按下了快门。

这大概就是摄影与绘画的差别吧。

关良为何成了大画家?

GUAN LIANG, 1900—1986

我一向着迷于广东出生的水墨画家关良。我甚至以为,他的艺术远胜过已被公认的好几个现代水墨大家。至少在广东是如此。此外,我还要让大家明白,关良的画是不可学的。偶有几个学他的稚拙,连东施都不如。

我的老同学李伟铭是研究岭南现代美术的大家,他说,有三个广东画家值得关注,一个是丁衍庸,一个是谭华牧,一个是关良。他们是好朋友,有几乎相同的现代主义艺术背景。但三人不殊途不同归。一个中年流亡香港,郁郁不得志;一个新中国成立后回到家乡,成为广东画院职业画家,却几近沉寂,无人知晓;只有关良是顺利的。

研究谭华牧卓有成效的学者蔡涛在深圳为这个被遗忘的老画家做展览。他告诉我们,谭华牧在生命的最后几年,每天无所事事。蔡涛解读为绝望,我想这颇有道理。我再加一个解读,除了绝望,还有无望。绝望是,内心尚存希冀,只是藏着,愿随生命而逝去。无望则是,已经失去了对绘画的全部热情。

唯关良成了海内一大名家。

设想一下,如果关良不及时转画水墨,继续坚持画他早年的现代主义油画,关良还会是关良吗?如果关良的题材不是古典戏剧,而是通常所习惯的,女裸体、静物、日常景观、肖像,等等,关良还会是关良吗?

答案是显而易见的。

关良及时地从一个现代主义油画家转型为水墨画家,及时地把母题全集中到古典戏剧上,基本不再画另外的东西。结果,关良成了我们所熟知的大画家。

其实,稍懂艺术内部规律的人都明白,关良的水墨和他早年的油画是一脉相承、不能分割的。也就是说,在艺术趣味上,关良自己并没有做根本的改变。他改变的只是材料和母题。

丁衍庸落魄于香港,无须去说。丝毫没有改变的是谭华牧,结果就是绝望加无望。

为何如此?李伟铭似乎点明了其中的缘由,蔡涛也隐约述说了个中的原因。有兴趣的不妨去读一下他们相关的文字,以明历史之况味。

贾科梅蒂的孤独

ALBERTO GIACOMETTI，1901—1966

　　雕塑家贾科梅蒂长相凄苦，干瘦型的身材，走起路来就像他的雕塑，让我想起风中晃荡的树杈桠子。

　　贾科梅蒂是一个绝望的人，然后找到了表达绝望的方式。从形式上来说，他一直在用减法，一直用到他所能达到的尽头。先是去掉传统雕塑的表面结构，再去掉一般意义上的对象个性，接着持续压缩人体的宽度，最后变成了我们所熟悉的模样：极瘦长，哥特式的超高比例，粗糙的表皮，如影子般，晃荡在各种空间中，彼此没有关系。

　　批评家把他的艺术形容为孤独。而绝望恰恰是孤独的种子。在二战后充满绝望的欧洲土地上，他的孤独大出风头。其时流行的是存在主义哲学，强调"他人即地狱"，人与人成为异乡他者。贾科梅蒂哥特式的孤独人像，失去因触摸所能传达的体温，俨然成为"他人即地狱"的三维现实版。

　　20世纪80年代初中国也流行了一阵子存在主义，主角是宣称存在主义是一种马克思主义的左派作家萨特。那个时节兴起的还有"异化论"，以为人在极端中已经被彻底异化为非人。在这种精神氛围下，突然看到贾科梅蒂瘦长的雕塑，居然就莫

名地感动了。

很多年过去了，曾经流行的哲学已经淡漠，再看贾科梅蒂，剩下的就是一种纯粹的趣味。他的趣味就是独往独来，把孤独转变成明确的风客，让我们去咀嚼，并在咀嚼中对此若有所思，还常常煞有介事地也从中咀嚼出孤独。这说明，我们是在欣赏一种存世的孤独。

今天，贾科梅蒂的孤独早已深入人心。

想来也是的，所有的大都市都有广场，所有的广场上都人来人往。但是，他们彼此之间有关系吗？这就是贾科梅蒂的疑问。

惆怅的梁思成

LIANG SICHENG, 1901—1972

梁思成一生惆怅，郁郁寡欢。

没有梁思成，没有他和夫人林徽因几十年来对中国古代建筑的田野考察，没有他们辛劳地面对着一栋又一栋古老建筑的具体丈量、精心绘图和全角度拍照，就没有中国传统建筑这个学科，也就没有中国传统建筑史。甚至，没有中国唐代建筑的遗存。

梁思成夫妇的工作是从北京开始的，成果则凝聚在一本书中，叫《清式营造则例》。林徽因为此写了一篇"前言"。这不是一份普通的文字，而是关于中国传统建筑史分期与发展的重要提纲，至今价值仍在。书中收的多是北京旧建筑的绘图，仔细、认真、美观、清晰，充分显示了梁思成本人在这方面的卓越能力。翻阅此书，会从内心滋生出一种真正的崇敬，同时，也明白，他们对于北京是多么的熟悉和热爱！

可惜，梁思成和林徽因所熟悉、热爱的北京，今天已不复旧观。

最新的北京规划方案，如果要追根溯源，还是和梁思成在

我说,你是人间的四月天,笑响点亮了四面风;轻灵在春的光艳中交舞着变。

林徽因 一九〇四—一九五五

20世纪50年代与城市规划家陈占祥共同提出的"梁陈方案"密切相关。试想一下,如果当年能照着"梁陈方案"去做,今天的北京或许也是全世界最迷人的"古老城市"。

据说,听闻要拆北京城墙,梁思成流下了眼泪,他的泪是要流的,城墙还是要拆的。

梁思成为流泪付出了重大的代价。1954年,他的建筑民族样式理念被简单地归结为"大屋顶"而被扣上"形式主义""复古主义"的帽子,受到全国的批判。不过,此事也有幸运之处。梁思成被批过以后,知趣了,在1957年,他反而成了先进,那些撰文批判他的"大屋顶思想"的人却都倒了大霉。

从此,梁思成更加郁郁寡欢。

有人说,梁思成的学术生涯终止在1957年,此后乏善可陈。

如此聪敏的学者,他会不明白其中的因缘?所以,他只能愈加郁郁寡欢。

梁思成的惆怅,是一种历史性的惆怅,绵绵无绝期。

等待枪决的肖斯塔科维奇

DMITRIY DMITRIYEVICH SHOSTAKOVICH,1906—1975

苏联时代的世界级音乐家是肖斯塔科维奇。

他少年得志,一生创作了15部交响乐,还有数量庞大的各类作品,用声音概括了俄罗斯的百年挫折与荣耀,生前收获了几乎所有的国家荣誉。

肖斯塔科维奇的自传死后却在国外出版。他在自传中说:"等待枪决是一个折磨了我一辈子的主题!"

枪决是20世纪的常态,尤其在声称第一个革命的国度。

显然,头儿们是懂音乐的,否则怎么能够想象,忙于肃反之时,居然会为一部音乐作品专门开会,讨论错误,严厉批判!?

吓得肖斯塔科维奇马上用革命的声音掩盖了内心难以自持的虚弱与颤抖。

旋律似乎是中立的,因为抽象。雄壮的声音可以描写英雄,也可以献给独裁者。瓦格纳的音乐就是一个例子。古典主义其实是国家主义的代名词,所以,艺术史学者文杜里评论拿破仑时代的画家大卫说,他在政治有多激进,艺术上就有多反动。

肖斯塔科维奇则刚好相反。

Dmitriy Dmitriyevich
Shostakovich, 1906~1975

在评论里芬斯塔尔的摄影风格时,苏珊·桑塔格说:迷人的法西斯!

肖斯塔科维奇的曲调也很迷人。

我长年累月倾听肖斯塔科维奇的交响乐,是否想在其中寻找一种临刑前的绝望?

声无达诂!

卡蒂埃-布列松匍匐的身影

HENRI CARTIER-BRESSON,1908—2004

卡蒂埃-布列松在中国摄影界的名声如雷贯耳。

但是,很不幸,他是被我们误解得最让人啼笑皆非的一个摄影家。

在中国,很长时间,摄影上层总是把他和香港拍唯美风光的陈复礼并列放在一起。我想,这个骄傲的法国佬知道后,对此除了无语,还是无语。他的追求,不仅和陈复礼风马牛不相及,而且,在趣味上他们还是坚定无移的敌人。

怎么能想象卡蒂埃-布列松会徜徉在优美的风光中,陶然自得地按快门?这一定会要了他的命。

在中国,卡蒂埃-布列松还被认定是一个报道摄影家。殊不知,他最讨厌的就是去报道什么事件,拍摄什么突发现场。他一生都在和卡帕作对,虽然两人都是著名的马格南图片社的创始人。

卡帕对卡蒂埃-布列松的批评摄影界众所周知:去他的超现实主义,走近,再走近!

而且,我们都想当然地去理解他的"决定性的瞬间",以为这一瞬间和流行的"典型情节"差不多,把偶尔的时间切片摆布得完美无缺,然后才能拍照。有很多人为了这完美的"决定性的瞬间",一直在焦虑地寻找,半天也按不了快门。

从本性上看,卡蒂埃-布列松是羞涩的,所以,他才喜欢躲在人群中,悄无声息地偷窥,不愿打扰正在流逝的一切。

年轻的卡蒂埃-布列松曾经从军,还跑到非洲去历险,结果把身体搞糟了,只好回到法国马赛去休养。这时,他弄到了一台配有 50mm 标准镜头的徕卡旁轴相机,开始有意识地到处拍照,好消磨多余的时光。

拿着相机在街头晃荡,立时发现了一片全新的天地,这让他惊喜万分。让他感动的是,相机原来具有这样一种功能,能够迅速把眼前的偶然性变成底片上的必然性。而这一偶然性,根本就无法描绘,所以,本身就是一种超现实的存在。

匍匐在无人知晓的角落,突然出击,让时间定格在快门的巧取豪夺之中。这就是卡蒂埃-布列松的事业。他的行动,很快让小相机抓拍演变成潮流,然后上升为一场摄影运动。这个想做画家的摄影人,也就顺理成章地成为运动中的领袖,而不管后来者对他如何地褒贬。

卡蒂埃-布列松晚年照相累了，于是把相机收藏起来，开始去作画，好捡回青春的梦想。不过，看了他若干张作品后，我想说，幸好他腻相了，否则，摄影史少一个他，会变得多么的乏味！

培根,他很孤独……

FRANCIS BACON, 1909—1992

17世纪英国有一个培根,提出"知识就是力量",提出"归纳法",认为确实的知识必须来源于对经验世界的归纳,由此而掀起了近代科学发展的狂澜。几百年后,20世纪初,培根有一个后代成了画家。有意思的是,这个培根的后代,是也叫培根的画家,我想,他压根就不相信什么"归纳法",他相信的是"心理扭曲法"。甚至,他更加不相信"知识就是力量"。在画家培根看来,知识不是力量,直觉才是力量。关键是,这直觉只服从于内心的纠结,并在一连串不可抑制的纠结中产生视觉变异,从而使观看发生根本性的转化。也就是说,画家培根认为,眼前所见的一切,都是虚伪的假象,通过情绪的极端过滤,内心之眼蓦然张开,世界才露出它的全部本质。这一本质是,比如人吧,扭曲的像拧麻花那样的自我折磨,永远地神经质,无法停息与灵魂共舞的运动。对于画家培根来说,世界在他之心理之眼的紧张对视中呈现出一种分裂。而他,命定要表达这一分裂,让一种骚乱闯入平面,通过时间之轴去改写平庸的视网膜所带来的同样平庸的经验刺激。

突然想到,如果老培根和新培根有机会见面,他们之间会

有什么对话?

我想,老培根会指责说,你所有画中的人物,完全不符合经验归纳所获得的正常知识,而一旦我们缺失了正常知识,就一定会走入歧途……新培根瞪了一眼他的老祖宗,很不屑地、很不客气地打断了对方的话,大声斥责说,这个世界本来就不正常,就是你们这些所谓的知识权威,硬要把它说成是正常的!然后,他一甩手走了。

老培根僵硬地立在那里,喃喃自语:经归纳而获得的知识,不会导致这一结果的呀!

伦敦的风起来了。据说,在这座古老的城市中,到处都有鬼魂。风起来了,鬼魂就要聚集而发出啸叫了。只有画家培根冷眼旁观。他沉默,因为他很孤独……

卡帕的生与死

Robert Capa, 1913–1954

卡帕和布列松个性完全不同。卡帕是个冲动型的帅酷男子，喜欢出众，喜欢被关注。所以他要冒险，否则生性无从彰显。布列松则不无羞涩，不愿意曝光，不愿意被拍照，躲在某个角落，默然注视，不动声色地按下快门。

所以，卡帕注定要身着军装，全身披挂，奔赴前线，在血火交加的战场紧张地穿梭，紧张地拍照。走近是他的信念。其实，他何止走近，他是要置于其间，感同身受。这让我想起主张干涉对象的克莱茵。但卡帕没有那么多前卫的艺术观念，他也干涉，但他的干涉方式是，尽可能出现在生死的一瞬间。这时，无人会在乎一个手持镜头闯入的摄影师，然后他才有机会近距离地获得一张绝对自然的切片。关键是，这切片是带血的。

克莱茵的干涉是一种侵犯。卡帕的干涉是，他也是战士，他只在拍摄同类而已。

卡帕一生的工作方式被《西班牙士兵之死》定格。因为这一定格实在难以想象，所以，直到今天，仍然有人质疑其中的真实性。

摄影让流浪获得了合法性，摄影也让镜头侵犯成为可容忍

的事实。卡帕的经历还告诉我们，只有摄影，才让生与死广为人知。因为生与死借此而获得了它的物理形状！

这个不可思议的形状！

卡帕最后还是死在了战场上。1954年，在越南北部，他不幸踩中了一颗地雷。

唯独自己的死没有留下任何形状。

廖冰兄的自嘲

Liao Bingxiong, 1915—2006

廖冰兄一辈子画了很多漫画。早在20世纪40年代，他就以《猫国春秋》而获得名声。

不过，在我看来，廖冰兄一辈子其实只画了一张漫画，那就是1979年的《自嘲》。

我的意思是说，廖冰兄画再多的漫画，也就是一个优秀的漫画家而已。但凭这一张，足以奠定他在漫画界乃至艺术界的不朽地位。

《自嘲》几乎是每一个有基本反思能力的国人的自画像，而不独廖冰兄自己。

20世纪90年代开始，日本卡通和动漫开始风靡中国。那种典型的日式风格让整整一代甚至两代年轻人着迷。女孩崇尚大眼睛的"美少女"，男孩则热衷于各种各样的变形金刚。

很快，在概念上人们就混淆了"漫画""动漫""卡通"的区别，以为全是一回事，其目的无一例外，不是搞笑，就是幽默，或者调侃，再不就是唯美。

于是有记者采访年老的廖冰兄：廖老，你的幽默画……

据说，廖老一脸正经，打断对方的问话，说：我的画不幽默,我不画幽默画,我的画是揭露性的,是尖锐的,不留情面的!

记者一下子不知道应该如何问下去。

我参加过廖老好几次的漫画研讨会,还是他百年诞辰大型展览的策展人。我在他家翻阅廖老留下的丰富的文字材料,读了不少廖老留下的只言片语,才更加理解了《自嘲》的含义。

原来,廖老一生都在自嘲。他私底下言辞激烈,锋芒毕露,公开时却总得有所收敛,有所顾虑,有所周全。

我和晚年的廖老有所接触。从我经验看,我觉得他一生最不满意的可能就是自己,就是自己的这种收敛、顾虑和周全。

他自我嘲笑了一辈子。

他的嘲笑,让很多名闻天下的艺术家,尤其是他那一辈人,感到无言以对,所以只好远离这个固执、说话不太客气的老人。

什么时候我们不用像他那样自嘲了,或许真正的幽默时代才会来临。

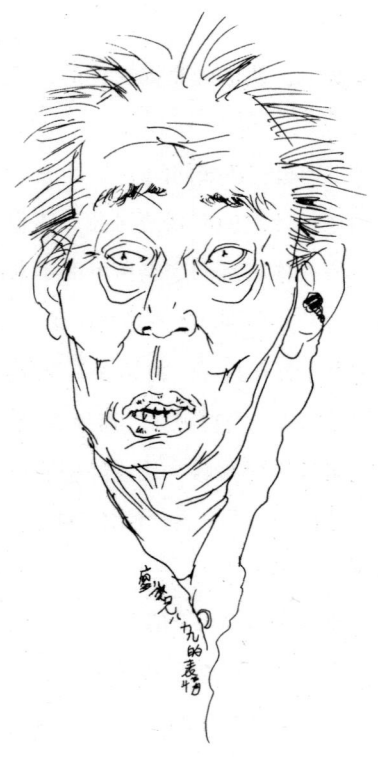

尤金·史密斯有着战士的愤怒与悲悯

WILLIAM EUGENE SMITH, 1918—1978

尤金·史密斯是个脾气火爆的人。

他一生从事摄影,却不断与各种摄影机构和组织吵架,为版面,为照片的选择,为规定型号的相机,不一而足。结果,他就不断地被除名。同时,与他吵架的这些机构和组织敏锐地发现,如果想要获得夺人眼目的照片,无法离开这个难以相处的摄影人,只好对他爱恨交加,维持危机重重的合作。

史密斯年轻时就先后为《新闻周刊》《生活》杂志工作,没过多久便分手了。离开《生活》后加入马格南图片社,可直到生命临终前都没有完成人家的委托,以至于马格南要赔一大笔违约金,处于实际破产的状态。

史密斯创造了"摄影故事"的拍摄模式,成为一种经典。今天,不少摄影史学家为他的模式争论不休,理由是,有证据说明,为了保证故事的流畅,史密斯不惜摆布对象,制造现场。

在我看来,这些指责没什么意思,是把流传已久的"摄影真实"太当真了,以为镜头前的世界必须是不能改动的存在。其实,摄影只是一种有效的视觉传播媒介而已,其性质和功能,只能在传播中才能得到充分的体现。

William Eugene Smith
1918—1978

我猜测，史密斯拍摄时，把自我内化为导演，想方设法让每一个镜头彼此之间有情节上的关联，所拍出来的图片，尤其是经过选择与整理之后，具有前后一贯的完整性。

史密斯的摄影有一种狠劲儿。他拍的战争和灾难，不仅现场感极强，而且还包含着难以置信的冲突因素，完全逸出了抓拍的限制。二战以后史密斯最重要的一组摄影是去拍日本的水俣病。为此他深入受害者的村庄，拍下了让全世界动容的受难者惨状的照片。为此史密斯付出了可怕的代价。制造此次灾难的资方雇用打手去威胁和报复，险些让他丢了性命。

从任何角度来说，史密斯都是一个战士，有着战士的愤怒，以及战士的悲悯。

利希滕斯坦是当代艺术家……

Roy Fox Lichtenstein,1923–1997

我想,把利希滕斯坦归入通俗的"卡通画家"之列,他可能不太乐意。当然,艺术家一向无视批评家或史学家的风格归类,所以,更有可能的是,他根本就不关心这个问题。

利希滕斯坦的确是靠流行的卡通风格获得名声和利益的。他的做法应该叫作"戏仿"。也就是说,他是闹着玩的。当卡通风靡全球通俗图像市场的时候,前卫艺术界似乎也开始因此而躁动不安了。敏感的人意识到,再也不能用与公众对立的风格来自我陶醉并继续维持独尊的、表面上看至高无上的艺术地位。但也显然不能随便就范,让艺术整体地介入迪斯尼的商业操作中,因为这样一来又违背了艺术必须具有非功利性的美学"承诺"。至少,艺术绝对不能成为迪士尼公园中的玩偶,每天对着成千上万的观众载歌载舞。所以,"戏仿"就成为一种先锋性的选项,既回避了表面的商业色彩,又针对了流行风格的流行本身。而且,据说这一针对还有某种批判性在。或许,这成为解释利希滕斯坦彻底采用卡通风格去创作独幅艺术品的一种说法。

其实,这种解释是勉强的,甚至不无滑稽。

毫无疑问,消费意识就是利希滕斯坦创作的主题,浅薄化

才能顺从这一席卷全球的潮流，同时也是他如此这般的原因。问题是，时代变了，曾经被贬斥的浅薄化，今天却成为艺术的时尚。因此，利希滕斯坦就获得了艺术史意义上的成功。他当然比迪士尼本人要"纯洁"，当代艺术史是肯定不会描述迪士尼如何从一只"米老鼠"开始他的创建商业帝国的历史，艺术史只是说，在那个年代，有一种潮流，叫"波普"，利希滕斯坦是其中的领军人物之一。比如他创作的《溺水之女》……

所以，一定要记住，利希滕斯坦不是卡通画家，而是当代艺术家！

弗兰克尖锐地追问:是你在观看吗?

Robert Frank,1924—2019

当你拿起一部小相机时,问一下自己:看到了什么?

不要以为是你在看,很多时候,你在用别人的眼睛去看。

也就是说,当你自由拍照时,你并没有意识到,你的观看已经被流行的趣味塑造。你看到的,是别人曾经看到的;别人看不到,你也看不到。

这就是摄影的难度。

表面上拿相机去抓拍很容易,实际上很难。表面上你在摄影,实际上,下意识地,你一直在模仿别人,还洋洋得意。

我想,这就是弗兰克的问题。

作为一个职业摄影家,弗兰克早就对各种风格了如指掌。正因为如此,有一天,他强烈地意识到,如何真正地拥有个人的观看,对摄影人来说,这才是最大的挑战。

他对此一挑战的答案就是《美国人》,一出现就轰动了摄影界。因为,我们看得很清楚,弗兰克用了一连串近乎神经质般的、颠三倒四的观看去定义了一个叫作"美国人"的存在,而在这之前,我们的观看都很正常,很巧妙,很完整,很有构图感,也很艺术。现在,弗兰克告诉你,什么是"反观看"。

看来，这个瑞士人采取的观看策略是，把曾经熟悉的推翻掉，重新来过，管他的。

"决定性的瞬间"，够经典了吧。好，现在要做的是，"非决定性的瞬间"！

然后，弗兰克又沉默了。"非决定性的瞬间"之后怎么办？

原来，个人观看永远是一个问题。

弗兰克至死都在尖锐地追问：是你在观看吗？

摄影暴力主义者克莱茵

WILLIAM KLEIN, 1928—

把相机比喻为一支枪,把拍照解释为向对象射击,不仅嘲弄"决定性的瞬间",否定不干扰拍摄对象的隐性偷窥,而且,不无挑衅性地,强迫对象与之发生关系,变偷窥为逼视,变逼视为某种视觉暴力,在即将发生冲突的一刹那间,迅速地按下快门。

这个人就是威廉·克莱茵,他的摄影实践使拍照变成了观看的威胁,一种暴力的逼视。

为了使照片效果更具有刺激性,克莱茵还发展出一套特殊的拍照法:慢快门、闪光灯、摇晃相机,加上刁钻的角度(包括使用广角镜头)所形成的不完整构图。这就是典型的"克莱茵法"。在这样的法则下,运动轨迹成为照片中的构成因素,从而让观看暴力获得了一种直观的样式。

克莱茵影响了很多人,尤其在摄影界。

不过,我要特别提醒的是,克莱茵不单纯玩摄影,他还拍电影、做广告、介入时尚界。他在每一个领域都尝试反叛,都有出格的表现,都引起了某种骚乱与剧烈的争论。他的目标很单纯,就是把原来的规矩搞乱,好火中取栗,大赚其钱。

克莱茵赚的是反叛的钱。

原来,反叛是有利润的,反叛也是一种生产。

把克莱茵归类为摄影家,只是我们贫乏的想象而已。准确来讲,他是一个不断进击的视觉战士。如果硬要把他放在摄影里来讨论,那么,他就是一个真实的摄影暴力主义者。

沃霍尔，"白痴"还是"天才"，这是一个问题

ANDY WARHOL, 1928–1987

有人说，安迪·沃霍尔是个白痴。也有人说，他是个天才。"白痴"也好，"天才"也好，沃霍尔甘所罕见，却是事实。《帝国大厦》拍了8个小时，镜位不动，然后把底片连接起来。说他"白痴"，是因为这不需要技巧，谁都能拍，只是没想到可以这样去拍；说他天才，理由是，他用最直截了当的方式，瓦解了自有电影以来的所有"技巧"，让电影回到原初。就看你怎么理解了。

1964年，沃霍尔把三只"布洛克"牌的纸皮箱搬进展览馆。哲学家、批评家丹托因此宣布：从这一年开始，从这一事件开始，艺术死了！

艺术死了还是没死，其实不重要。重要的是，安迪的"布洛克"箱子由此而价值连城，因为它成为断代的标志，之前是"艺术时代"，之后是"反艺术时代"。其他同类品牌的纸箱子如何？对不起，废品而已，只能回收。

丹托论证说，沃霍尔从根本上挑战了"何为艺术"这一尖端问题，因此，我们要重新定义艺术。

他说，首先要成为艺术家，然后才有可能被策展人看上，

受到邀请，得以进入展览现场，让普通的纸盒子成为伟大的艺术品。因此，艺术是一种身份，一种体制，一种现场，以及，被如此言说的一种语境。

说得颇圆滑，也颇较真。

就是不能回答"白痴"和"天才"的问题。

或者，当今所有著名的艺术家，既是"白痴"，又是"天才"！

又或者，啥都不是，一个伪问题而已。

谁知道呢？

让建筑跳舞的盖里

FRANK OWEN GEHRY, 1929—

十几年前吧，在布拉格，一个冬天的晚上，零下十几度，我和夫人疾行在宁静的马路上。因为我执意要去目睹一栋楼房，亲眼瞧一下晚上神秘的情形，所以就有了这一次奇特的建筑寻觅。很快，我们站在这楼房前，它似乎要垮掉了，十几层高，却斜倚着靠在主楼边上，从楼顶往下滑动，照着力学的规律呈现出发软的弯度。夫人觉得稀奇：世上怎么会有这样的楼房？完全不靠谱的外观，凝固的垮相，人在里头，感觉是不是也会下坠？

设计者叫盖里，一个加拿大人，如今名满天下。楼房完工于1996年，20世纪行将结束之际。那个时候，盖里还只是刚刚开始他伟大的建筑事业，好不容易弄到一个为主楼加建副楼的设计项目。可方案一出手就让委托者吃惊。这不明摆着要反建筑吗？还好，委托者有胆识，居然接受了，而且还建成了。今天，这栋叫"Dancing Building"（跳舞的楼房）的建筑已经成为布拉格的一景，人们在逛完古老的巴洛克城堡之后，来这里驻足，好感受一下世纪分裂的视觉快感，以及设计者疯狂的意图。

盖里可以说是建筑界的超级高手,学术上叫"解构主义",实际方针正是反建筑!

现代主义建筑从19世纪末芝加哥重建时兴起的摩天大楼开始,经过百年的发展,刚好走向了它的反面。建筑不再是神圣的资本符号,而是怪异的几何象征。但是,又有谁能够否认其惊人的美学效果?不知道起步于芝加哥的怀特,目睹盖里跳舞般的风格,会做何感想!

洛杉矶市中心的迪士尼音乐中心,有兴致的可以围绕它转一个圈,会看出其中的音乐性。西班牙毕尔巴鄂古根海姆博物馆,不仅让一座默默无闻的小城出了大名,而且,不期然会想起生活放荡的古根海姆小姐。这博物馆的外形正是她最恰当的视觉纪念碑,并印证了当代艺术的放肆与自由意志的放纵。

建筑一跳舞,挺拔就被弧线取代。我们住在这弧线里,不飘忽恐怕也难。

居伊·德波的景观革命

GUY DEBORD, 1931–1994

现代景观是城市街头。城市街头是现代革命的现实舞台。因此,现代景观也就等于现代革命。

从历史看,法国是这一革命的诞生地,从大革命到巴黎公社,到1968年学生运动,再到这两年的"黄背心"运动,一代又一代,在古老的街头上演了一幕又一幕让人眼花缭乱的革命戏剧。

居伊·德波划时代的著作是《景观社会》。但这不是一本完整的论述,而是一段接一段的格言,像极了街头革命不断狂呼的短促口号。表面上,他在讨论景观,其实,他讨论的是现代革命。他既讨论景观对人的压迫,景观背后的资本运作,也讨论景观的反抗,以及反抗景观。所以,这个狂热的作家、导演和艺术家,这个货真价实的国际主义战士,成为1968年法国巴黎街头革命的主角,也就不足为奇了。

在居伊·德波看来,有前景观时代,有景观时代,有后景观时代。在前景观时代,人们忙于建设,不管是巴别塔还是摩天大楼。在景观时代,人造环境已经完成其基础工程,人们在其中穿梭、聊天、购物、呼吸,视人造为自然。在后景观时代,

资本主义进入晚期，景观成为被展开的对象，革命潜身其间，然后上升为社会主题，蔓延全球。

问题是，景观展开之后怎么办？

居伊·德波绝望了，国际主义运动也很快就烟消云散。

在最后的日子里，他隐居在乡村某地，远离景观，远离革命。因为，他看到的是展开的景观变成了纯粹的消费，革命原来是一种虚拟的游戏而已。在真实的互联网屏幕上，景观只是不间断地闪烁着的诱人光点而已。

永远的梦露

MARILYN MONROE，1926—1962

20世纪80年代读白先勇的小说，其中一篇印象深刻，叫《永远的尹雪艳》。掩卷细思，白先勇写的可能并不是永远的尹雪艳，而是一段让人扼腕的春梦。本来，春梦一晃就过去了，可尹小姐却无法在"视觉"中（记忆其实是一种视觉）消失。所以，"永远"的意思是，总能看见她，而不是想念她，不管在梦中，或者不在梦中。

梦露是否也算"永远"？我不得而知。只是，几十年来，我对于这个根本就不了解的金发女人却有着视觉上的奇特感受。关于梦露的传记，坊间出了不少，大多粗俗不堪不能卒读。美国作家梅勒也写过一篇梦露的传记。大作家的作为，显见这女人确实不简单，似乎也证明，剧作家米勒被梦露迷住是有道理的。我总觉得，像梦露这样的女人，某类男人看了就会忘掉自己的身份，只剩下内分泌在发作，像看见广州街边大排档里沸腾的猪红粥。

以梅勒的角度，把梦露形容为尤物，不足为奇。不过，除此之外，他还是试图放了一些思想的调料进去，好让金发女人

增加点社会厚度。只是,他的努力有点可笑。因为梦露首先是给人看的,其次才是(我怀疑从来就不是)让人了解的。

末了,突发狂想,如果让白先勇给梦露写一篇传记,他笔下的金发女郎会是一个什么样子?当然,白先勇肯定对此建议非常反感,因为在他心目中,值得向往的是汤显祖的《牡丹亭》,是那个返魂的杜丽娘,而不是性感的梦露。或许,他的"永远",是一曲为《牡丹亭》准备的现代挽歌?

摄影流浪汉寇德卡

Josef Koudelka, 1938—

手持135相机四处晃荡,根本就不是为了纪实,也不是为了艺术,而是,为了流浪!

寇德卡的摄影行为让我明白了这个普遍的真理:摄影使流浪获得了终极合法性。

我们总是把摄影——当然,我这里主要指135相机的抓拍行为——说得非常的神圣。摄影人端着精致的徕卡,胸怀远大的理想,为了留住历史的现场,追踪伟大的瞬间……

其实,没有这样复杂,只是想到处流浪而已。

俗话不是常说吗,为了诗和远方,出去寻找真理。可是,一个人为这诗意胡乱地出远门,我们又如何分辨他是"疯子"还是诗人?

关键是,流浪是所有男人的梦想。不仅青春期如此,老男人更是如此!

憋在家里多烦呀!还有个老女人整天没事干地管着你!

但是,没有人会欢迎一个从天而降的流浪汉。

同样,没有人,尤其是女性,风韵与情感俱在,会拒绝一个风尘仆仆的摄影人。

《廊桥遗梦》的传奇就是这样开始的，一个《国家地理》杂志的摄影师，进门讨一口水喝，女主人惊喜万分，接着，新生活不期而至地铺开了它动人的一面。

只能是摄影师。只有摄影师才拥有这一特权。

这就解释了，为什么航空发动机工程师寇德卡，他自从拿起相机四处晃荡，过着居无定所的孤独的野外生活，居然会变得如此快乐。因为，流浪是他的理想。

其他对于摄影的解释，基本上都是假美学的胡扯，都是不敢流浪的人在虚构流浪时写下的幻觉……

拳击动物泰森

Mike Tyson, 1966—

本来对拳击没有太大兴趣。那阵子看革命战争电影,觉得打仗跟玩似的,一把木头手枪,就把鬼子吓得屁滚尿流;一个小嘎子,稀里糊涂就烧掉了日寇一座炮楼。后来到北美,看拳击节目多了,才觉得有意思,发现那才是男人的硬节目,你一拳我一拳,直打得双方头破血流,鼻青眼肿,然后,其中一个直挺挺地倒在地上,全场欢腾,胜者为王。

20世纪80年代末,美国重量级拳击的高手是泰森。最初在电视看到他的时候,的确有力量感,一团团黑乎乎的肌肉,激动时一抖一抖的,胡乱地蹦跳着,仿佛筋骨都无法收拢起来了。获得巨大名声后,他却被指控犯有强奸罪,案情其实稀里糊涂,但还是被定罪,蹲到监狱里去了。重出江湖时,实力已经下滑,打拳时力量不支,居然咬人家的耳朵,硬生生给扯一块下来,把拳击变成"吃人肉"。一时舆论大哗,泰森也从此离开了拳击场。

仔细端详泰森的模样,的确有一种动物感,长得高大,肌肉太发达,把脑袋都给"挤得"变小了。

声明:动物也不是什么不好的说法。至少,动物比人诚实。

在时空中踽踽独行

叔本华悲观，王国维自沉

ARTHUR SCHOPENHAUER, 1788—1860

第一个把叔本华的美学思想介绍到中国的是大学者王国维。王国维对德国哲学的兴趣始于他在日本留学期间，所依据的当然也是日本的翻译。这个不重要。重要的是，叔本华的思想深刻地影响了王国维，其美学也体现在他的《人间词话》之中，虽然通篇未提叔本华一字，但内里所闪现的情操，显然和叔本华的思想有某种难以割舍的联系。

叔本华提倡悲观主义，相信轮回，不相信最后的审判，强调非理性的价值，认为意志独立于时空，意志就是世界的表象。人被意志支配，欲念横生，苦难与虚无相伴随。只有沉思才能对此有所领悟。他的哲学影响了许多后来者，包括科学家爱因斯坦，以及中国学者王国维。

王国维写《人间词话》，独拈出"境界"为纲领，一开篇即提人生之三境界，其最高境界显然为一种"顿悟"："众里寻他千百度，回头蓦见，那人正在灯火阑珊处。""顿悟"本身也是一种意志的体现，从"独上高楼"开始，历经"衣带渐宽"，最后一回首，灿然满目，豁然开朗。

叔本华为人古怪孤僻，难以与人相处，其中一个表现是，打扮尤其奇特，发型故意异样，所遗肖像，双眼盯视前方，一脸难以亲近的严肃。相反，王国维长相平淡，无甚特色，穿着也日常。甚至，按胡适的说法，他是"其貌不扬"。

学问前后有相承，也有不相承。叔本华对世界悲观，但反对自杀。王国维学问大多实证，融西学于中国古物考证之中，成就斐然。最后却顿悟："五十之年，只欠一死。"遂自沉昆明湖！其悲观已到绝处，而不得不有违德国哲人之劝勉。

（按：辛弃疾《青玉案·元夕》原句是："众里寻他千百度，蓦然回首，那人却在，灯火阑珊处"。这里抄自王国维《人间词话》手稿本影印件，句末附"辛幼安"三字为注。）

Arthur Schopenhauer
1788–1860

尼采的提问

FRIEDRICH WILHELM NIETZSCHE, 1844–1900

尼采在《瞧,这个人》中,一开始就自问自答:我为什么……

我第一次翻阅这本书时,对他的这一提问留下了深刻的印象。

"我为什么这样有智慧?我为什么这样聪明?我为什么能写出这样优秀的书?"

连续三个自问,开始了他的自我表述。

也许,在20世纪,尼采是被人谈论得最多的一个哲学家。这也就意味着,他是被误解得最多的哲学家。尼采以一句同样被后人不断误解和不断阐释的"上帝已死"宣告了20世纪的到来。他本人则死在这个世纪的第一年——1900年。在这之前,尼采已经在病理上疯癫了将近十年,一直无法治愈。

原来,是一个疯子打开了20世纪的大门。

尼采前面是叔本华。叔本华承认康德的一个重要观点,把物自体与表象分开,以证明物自体的存在。不过,对于叔本华来说,这个物自体就是"意志"。

尼采的专业是古典语文学,但他一开始就背叛了这一精致

的传统，而走向诗意的表达。他最早的研究是古希腊悲剧。其中，他论证说，在古希腊文明中，酒神狄奥尼索斯与日神阿波罗对立，代表着一种非理性的、爆发式的生命的意志存在。

就在尼采去世前两个月，1899年11月，弗洛伊德出版了著名的《梦的解析》。他经由人之梦而试图论证潜意识的特殊作用，并首次提出"人格分裂"理论。这一观点为日后影响广泛而今却已成为历史的精神分析学打下了坚实的思想基础。

我想，弗洛伊德在写作这本书的时候，是否也想起了尼采典型的"人格分裂"倾向？

还好，尼采没有问："我为什么这样疯狂？"

可卡因瘾君子弗洛伊德

SIGMUND FREUD, 1856—1939

偶尔翻到一本书,讲可卡因的历史,惊讶地发现,19世纪末正在狂迷地研究梦的弗洛伊德,居然是一个可卡因瘾君子,不仅自己吸食,还让夫人也一起共度"美妙时光"。

当时,弗洛伊德被严重的鼻窦炎折磨得痛不欲生,没有办法,只好动一个小手术,把鼻腔里的病灶切除,以止住奔流不息的黏稠液体。可惜,针对小型手术的麻药还没有出来,所以得忍住万般疼痛去施行。一次,他的朋友说,放一点提纯的可卡因在病灶上,可以产生局麻效果。果然如此。他朋友因此而写了论文并及时发表。弗洛伊德动作太慢,让到手的成果轻易溜走,为此懊恼不已。不过,也因此,他对这尚未定为毒品的白色粉末产生了莫大的兴趣。他发现,在兴奋莫名的状态中,对梦的分析特别带劲儿。

原来,被多次列入影响人类历史进程的一百本书的《梦的解析》,背后的动力不是科学精神,而是可卡因发作!

读大学时,朋友弄了一本竖排的台湾翻译的日本"新潮文库"的《梦的解析》,我居然读得如痴如醉,忘乎所以,觉得比小说还带劲儿。不仅如此,还有模有样地学着分析各种梦,自己的,以及同学的。

有一次,同学告诉我他最近的一个梦。我先是分析其中的情境,讨论可能的结论,然后,像是有了灵感一般,突然问道:你的女朋友是否最近不远万里跑来会你了?你是不是和她……

同学一愣,发誓说,以后绝不再谈梦了。

颇为得意,也加强了对弗洛伊德的信仰。

当然,很快就发现问题了。弗洛伊德是一个泛性主义者,什么都归结到这上面去,和分析与否好像也没太大的关系。反正,力比多在全身不断地鼠窜,欲望也就无法抑制地随时爆发,然后就想入非非。高尚的想着纯洁,现实的想着实施,粗糙的就只剩下动物的冲动。怪不得后来精神分析学给下架了。原来,欲望无法统计,更难以用实验去探查。重要的是,身体冲动,对人生很重要,那是一种"诗和远方"……

不过,迄今为止,弗洛伊德的学说对艺术界仍然有着特别的意义。弗洛伊德说,因为伦理道德的限制,所以,羞涩的事不能直接说出,要伪装后才能上街。他断言,除了梦以外,艺术就是最重要的伪装。他的意思是说,艺术是一种经过伪装后

的身体发泄。

由弗洛伊德再到拉康,是一条理论发展的路线。今天,有很多艺术理论家总喜欢激昂地讨论这个神秘的拉康。我有时听着这样的议论,突然会想起远方的弗洛伊德,不知道他听到这些议论后,会有什么感慨?

我想,他会按自己的工作习惯,和理论家们单独对话,通过他们的概念阐述,分析一下,是否已经患上肛门期过早固置的"成长障碍症"。

他不可思议地发现,果然!

放肆的辜鸿铭与小心的钱锺书

GU HONGMING, 1910—1998

基本上没读过辜鸿铭的书,除了一本翻译成汉语的《中国人的精神》,以为那只是针对西方人的通俗读物,不咋的。年轻时读过钱锺书的一些书,博大精深,当年颇有敬畏之心,至今犹存。

当然,《管锥编》面对大数据时代,再牛的大脑和记忆也不敌数据库的千万分之一。不过,也不能这样比较。关键是有心还是无心。哪怕拥有再快速的计算能力,无心面对浩瀚的古典文化,终究也弄不出个名堂来。

不过,听闻辜鸿铭的传说就多了。从普通传播学角度看,凡是流传开来的,其真实性就要大打折扣。仅看他的生平介绍,就知道此人肯定学识非凡。我去过马来西亚,知道那是一个让人从小具备语言天分的国度。就华侨来说,必须学会英语、马来语,以及普通话、粤语和闽南语,否则,在东南亚多种语言冲击的区域,就很难生存和发展。辜鸿铭出生在马来西亚,从小对语言很敏感。

当然,辜鸿铭的中学和大学学历也让人刮目相看。所以,他能够在庚子年用拉丁文写文章痛斥列强的横蛮霸道,让侵略者为之吃惊，也是很正常的事。

我的印象是，辜鸿铭活得很放肆，想怎么说就怎么说，从来没有顾忌。民国年代，北京大学就他一人留着辫子，人见人怪，他却我行我素，满不在乎。似乎没见什么人出来禁止，要求他注意外表和影响。张作霖想用他，语言粗鲁，他竟然拂袖而去。因为他有为张之洞做事的经历，知道什么叫"礼遇"。而在张之洞的手下时，此公竟然也评论过顶头上司的水平，说不过尔尔，谈不上什么学问。

以《围城》深灰色的刻薄看，钱锺书的孤傲个性一点也不让辜鸿铭。但是，多数回忆钱老的文章均不约而同地指出，他知道如何回避社会风险，所以最后全身而退，无事而终。其中的智慧，非一般人能够理解。

看来，放肆已经过去，小心成为时代。

辜鴻銘 1857~1928

錢鍾書 1910~1998

保守的普朗克却做了革命的工作

MAX KARL ERNST LUDWIG PLANCK, 1858–1947

从任何角度看,物理学家普朗克都是一个持重、谨慎、保守的人。在那个年代,他曾经是公认的热力学权威,尤其对热力学第二定律的解释,对"熵"的理解,很长时间里都是领先的。

但是,造就普朗克历史地位的却是他所创立的"量子理论",以及在创立这一理论时所提出的"普朗克常数"。历史对此的记载是,他是在相当不情愿的情况下得出"量子"结论的,然后又花了好几年时间尝试推翻自己的创见。1905年,年轻的爱因斯坦在他第一篇关于麦克斯韦电磁波实验的论文中提出了"光量子",从理论上坐实了"量子"这一概念,普朗克才逐渐放弃推翻的努力。在随后的岁月中,他吃惊地看着他所崇敬并尽力维护的古典物理学大厦,如何一步步地倾倒,直至最后崩塌。

我对物理学一知半解,无权评议。我好奇的是,按照"量子"诞生的过程,究竟是普朗克在推动思想,还是思想在推动普朗克?

普朗克无非想消除发生在黑体辐射当中维恩的公式和瑞利－金

斯的公式的明显冲突而已。最后，连他自己都不可思议，当他推翻能量是"连续性的"这一经典结论而改为"一份一份"的"量子状态"时，问题居然得到了完满的解决。

普朗克遵循的只是一种自洽的逻辑要求。结果是，他突然面对了这样的事实：逻辑自洽推翻了他所深信不疑的学说。他一下子陷入了两难，要不接受自洽，要不退回原地，搁置问题。当然，他最后选择了自洽，因为，他必须解决问题，哪怕这一解决有违曾经的信仰。

一不小心，保守的普朗克却做了革命的工作。

这不明摆着是思想在推动普朗克吗？

思想原来有如此的力量。

如果普朗克是正确的，那么，我们只能相信，自洽原则适用于人类文明的一切领域。凡是有违这一原则的，文明就一定会倒退。

可怜的普朗克，一生小心翼翼，晚年却遭受丧子之痛。他的儿子因参与反抗纳粹的地下运动，计划败露而被捕。普朗克写信给元首求情，希望他看在自己对德国科学的伟大贡献，以

及一个孤独老人的悲伤这一点上,赦免他的儿子。这事显然无法自治,垂死的希特勒根本就不予理会,他的儿子最终还是被绞死了。

可见,在权力至上的国度,自治原则就很难普及。

智者罗素

BERTRAND ARTHUR WILLIAM RUSSELL，1872—1970

当年读罗素《西方哲学史》，颇感诧异，他居然把拜伦当成了哲学家，把浪漫主义作为重要的哲学思潮单列一章，并在其中讨论他所厌倦的疯子哲学家尼采。当然，罗素这样写是有原因的。其时纳粹德国正肆虐欧洲大陆，日本帝国也在东方疯狂扩张。20世纪极端主义大行其道，背后的思想正是狂人哲学，情绪上则与以自我为中心的浪漫主义相勾连，由此而形成"超人意识"与"权力意志"。

正规治史的学者对他这种写法颇不以为然，因为本身就有浪漫主义之嫌。

我不研究哲学，所以无法准确评价罗素的观点。在我眼中，他是一个智者，勤于写作，著作等身，不少已经译成中文，均有可读性。他在早年的《自由之路》中，描述未来的理想社会必须具有宽容度，能够容忍那些不食人间烟火、如疯子一样的诗人和艺术家。这引起了我的遐想。这个著名的哲学老头，不知道他的艺术趣味是古典还是现代？罗素还有一本书也值得一读，叫《宗教与科学》。在书中他交代，尽管自己不是一个基督徒，但他承认，宗教和科学并不像人们所想象的那样针锋相对，

风马牛不相及。历史证明，基督教恰恰是现代科学诞生的母体。

罗素最奇怪的学生是维特根斯坦。他主动为学生的第一本哲学著作写前言。以他的名声，这篇前言会有利于著作的销售。但没想到的是，维特根斯坦拒绝了这一前言，认为老师没有正确理解他的哲学观点。不过，罗素对此倒也不以为然，可能的话，依然继续给予学生最大的支持，包括其博士学位的获得，以及留校任教等，罗素都亲力亲为，不厌其烦。

不知道哪里看来的，说罗素以为，如果真有上帝，真有机会见上帝，见上帝时允许提一个问题，那么，他就会问：尊敬的上帝，物质是什么？

可见，对物质的定义困扰了智者罗素漫长的一生。

艺术家荣格

CARL GUSTAV JUNG，1875—1961

荣格年轻时追随弗洛伊德学习精神分析法。但他逐渐产生了怀疑，发现许多分裂似乎都有共性，而不是个别现象。也就是说，一个疯子，其发疯的形式，原来有着更深远的背景，而不仅仅是个体出格那么简单，更不能完全归结到力比多去。当然，据说，他得出这一结论和研究语词结构有关系。就语言而言，共性大于个性，内里支配的就是共有的语法。后来，他用了一个词来概括这一现象，叫"集体原型"，用以区分个体力比多的冲动。

不过，这样一来，荣格就不得不和偶像弗洛伊德分手了。

和弗洛伊德分手可不简单，偶像当年正如日中天。这也就意味着，荣格不是和一个人分手，而是和一股强大的势力分手，和一个学科分手。孤独与被排斥可想而知。

躲避起来的荣格几近精神分裂，痛不欲生。然后，似乎某种"原型"起了作用。他为了自我解脱，开始像中世纪插图画家那样，搜索个人梦境和幻觉每日作画，画了有两百多幅，并用红色作封面，叫作《红书》。这些画作，比超现实主义还要超现实，造型平面化和图案化，色彩对比强烈甚至偏激，愈是增

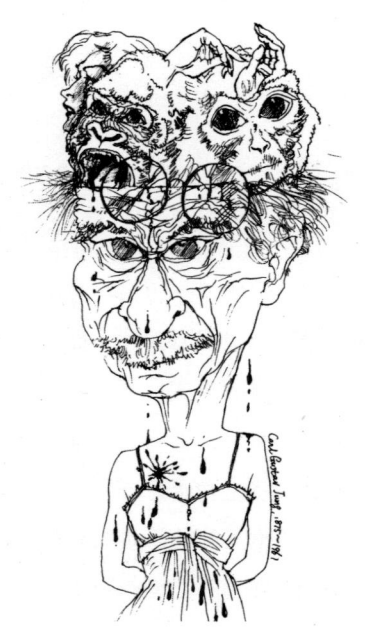

加了"集体原型"的神秘气质。

荣格直接把《红书》看成个人隐蔽在灵魂深处的思维存在。

他大概认为,思维的裸体是绝对不可以让人观赏的,所以,他生前从不拿《红书》示人,并规定,死后若干年,才能考虑公之于众。

今天,心理学界已基本上证伪了荣格的"集体原型"说,他的身影和其青年偶像弗洛伊德一样,只在艺术界晃荡不已。

《红书》的出版却让世人发现,荣格是一个艺术家,而不是心理学家。对于艺术,证伪是无效的。

爱因斯坦的"天真"

ALBERT EINSTEIN，1879—1955

我学画画出身，做了十几年专业出版，对科学始终一知半解，对现代物理学更是一窍不通。但是，自从 20 世纪 80 年代的某一时刻开始，阅读了一些有关爱因斯坦的科普读物后，就对这个 20 世纪的第一科学伟人产生了强烈的兴趣。

爱因斯坦读书时并不是学霸。到大学工作是因为普朗克的邀请，得以从一个专利员变成了大学教授。记得一些关于爱因斯坦的传记说，他上课比较枯燥，像是自顾自在说话。而且，他的语言能力也一般，下半生尽管一直在美国，却始终无法说一口流畅而地道的英语，德国口音太强。

哲学家波普论述人的特性时拿爱因斯坦做例子。他说：一只阿米巴原虫和爱因斯坦（注意，波普说的是爱因斯坦，没说"一个人"）有什么区别？唯一区别是：阿米巴原虫不会改正错误，一旦做错了，就只能付出生命代价；爱因斯坦却能够改正错误，因为他一直在说，他随时准备修正错误！

的确，爱因斯坦曾经宣布，一旦实验证明相对论与观测的结果不符，他就准备放弃。不过，爱因斯坦的固执却是少有的，他后半生研究统一场论，离开了现代物理学的主流，最后也没

有结果。面对量子力学的强大攻势与伟大成就,面对聪明绝顶的波尔的有力论辩,爱因斯坦坚持说:上帝不会掷骰子,自然不会因为观测而被改变!

不谈爱因斯坦的学问了,否则我这个外行就要贻笑大方。总的来说,我喜欢爱因斯坦的原因是,他很多时候像个孩子,天真而无所畏惧。爱因斯坦一生中曾经对许多重大的事件发表过直率的言论,并为此付出代价,还被开除了"德籍"。表面看是因为他天真,实际上,我觉得,是爱因斯坦坚定的自然信仰起到了关键的作用。

人类很多时候应该认真倾听一下那些持有非功利目的、以探讨自然未知为终生乐趣的科学家的社会意见。事实证明,听了比不听要好。

伊尼斯在时空中踽踽独行

HAROLD ADAM INNIS,1884—1952

历史学家伊尼斯从研究加拿大太平洋铁路开始了他的学术生涯。

这一条横贯北美东西两岸的铁路,尤其是西部穿越洛矶山脉的一段,平均每一英里(约等于1.6千米)都要倒下一个工人。而铁路的贯通,最终确认了加拿大从东向西的地理扩张,巩固了这个年轻国家的未来根基。

接着,为了搞清楚加拿大大宗货物见不得人的交易内幕,伊尼斯花了好几年时间,沿着内河和湖汊做调研,搜寻第一手资料,重现了海狸、鳕鱼、木材、大麦和矿产原料等贸易史。其中,对皮毛贸易的研究坐实了他的学术地位。正是在这一研究中,伊尼斯发现,欧洲上层的时尚风气对皮毛产生了强烈的欲望,有力地刺激了一批批殖民者深入腹地,从长年狩猎的土著那里获得大量的海狸皮毛,然后再进行加工出口,好赚取利润。三者之间形成了一个彼此依赖的经济共同体,成功地塑造了今天的加拿大。

伊尼斯在广袤的土地上经年独行,不断发现。

在对木材贸易的研究中,他开始接触到了传播。新闻业的急速发展产生了对于纸张的需求,从而刺激了纸张原料的市场扩张,伐木业于是就兴旺了起来。问题是,既然纸张具有如此独特的作用,那么,它在以往又是如何表现的?

于是,伊尼斯的眼光从空间转向了时间。他发现了古埃及莎草纸和欧洲中世纪羊皮纸的特殊联系。他还发现媒介也分空间与时间而有重大的区别:有的媒介适合于在空间中的传播,有的更擅长于在时间中的传播。

伊尼斯由此注意到口语与书面语的历史纠缠,它们分别表现为空间形态和时间形态。历史证明,一旦字母表成型,写作成为知识生产的主要方式,书籍在时间中占据主导性,口语就急剧地衰落了。

紧接着,他盯上了电话、电报和电视这些新涌现的电子媒介。他发现,在经历了漫长的印刷史之后,新的口语化契机突然出现。这让他兴奋不已……

夜幕时分,一只密涅瓦的猫头鹰正在悄然起飞,以锐利的眼光孤独地俯视着历史与现实的时空交错。

这猫头鹰就是伊尼斯本人。

可惜,他猝然弃世而去,留下了一个永恒的话题。

后继者麦克卢汉说,伊尼斯的著作,每一句话都可以扩展为一篇论文。而他的全部工作,只是为这位前辈做注脚而已。

有一年,我在加拿大东部闲逛,站在安大略湖的一处岸边,猛然想到了伊尼斯和他的成就。山水苍茫,他是否还在其间踽踽独行?

卢卡契的困境

Georg Lukacs, 1885—1971

卢卡契一直都生活在他自己所制造的困境之中。

马克思说，何以古希腊悲剧和莎士比亚戏剧是高不可及的典范？

马克思发现，艺术与美的最高典范，却偏偏诞生在混乱的时代。所以，他提醒我们，社会的进步与艺术的繁荣往往并不一致。换句话说就是，伟大的时代不一定产生伟大的艺术。国家不幸诗人幸，这就是著名的"不平衡"理论。

把"不平衡"理论作为马克思美学的基石，可能要归功于卢卡契的创建。

作为第一代马克思美学的关键阐释者，在小说领域，他当然要推崇批判现实主义的巴尔扎克，反对近乎胡思乱想的卡夫卡。

二战以后，卢卡契贵为匈牙利的文化部长，负有指导文艺的重大责任。可惜好景不长，苏联军队如潮水般涌进了布达佩斯，活捉了纳吉政府的所有重要成员，包括卢卡契本人。然后，他被审判了。

面对革命的法官，卢卡契猛然发现，他所遭遇的，恰恰是

讨厌的卡夫卡在《审判》里描述的怪诞情境！反而巴尔扎克没有提供类似的价值启示。

不可思议！

显然，卡夫卡才是真正的批判现实主义。

这个用德语写作的终生失败者，让所有身处绝境的人亲手触摸到了形而上的孤独。

卢卡契是否还发现，其实，艺术从来都不存在所谓的"高不可及"？！他是否意识到，那些改变世界进程的革命导师们，无一例外都讨厌与其同时代的艺术表现？

所以革命的毕加索才疑惑地追问：为什么在号称革命的国家，对艺术却采取了如此保守的态度？

或者，这才是真正的"不平衡"！

卢卡契的终极困境是：他没有回答 他或许根本就不知道有这一"不平衡"的存在。

维特根斯坦的天才人生

Ludwig Josef Johann Wittgenstein, 1889—1951

谈论维特根斯坦的哲学是一个专业。半懂不懂的谈论，等于羞辱这位终生追求清晰表达的哲人。

他临终的最后一句话是："告诉他们，我已经有过非常精彩的人生。"

在这句出奇感人的话里，"他们"指谁？几个莫逆之交，还是世人？

这肯定是一个问题。

维特根斯坦生于豪门，却一直过着苦行僧般的俭朴生活，对朋友则时常慷慨解囊。

他有一个过分严厉的成功父亲。因此，按照弗洛伊德的理论，从小就怀揣"弑父情结"。这或许是其性格怪异的原因之一。兄姐九人，他排最后，五兄弟中三个自杀，他其实也一直生活在自杀的阴影里。之所以参与一战，他认为这是选择体面离世的一种方式。而在剑桥大学读哲学时，罗素会不时担心这个天才学生某一天自我了结。他姐姐也同怀此忧，遂让他设计自己的住宅，好转移其注意力。没想到仅此一栋建筑，维特根斯坦就足以名列20世纪最优秀的建筑设计家之中。

维特根斯坦思考的问题清晰而绝对。《逻辑哲学论》完成之后，他认为哲学问题已经解决，于是满怀热情去做小学教员，试图改革初级教育。没想到因过于理想，不久就被家长们驱赶。后来，听了一场数学讲座，发现哲学问题仍然没有解决，于是重返这一领域。这一次他发现，过往哲学全都错了，因为其语言不对。所以，哲学问题就是语言问题。罗素是他老师，不能同意这一观点，两人竟为此而争论不休。之前他还拒绝了老师为其专著所写的前言。幸好，罗素大度，不以为意，不仅让他获得博士学位，还让他留校做了哲学教授。若干年后，维特根斯坦觉得做哲学教授实在荒唐，于是辞去教职，回家思索。

维特根斯坦趣味高雅，不能掺杂一粒沙子，躲避庸俗就像躲避瘟疫一样坚定不移，这使他对人要求苛刻，所以一生知己甚少。罗素评价他是"天才人物的最完美范例"。可见罗素不仅是他老师，还是他知己中的知己。

又没有缘由地想，如果这个哲人活在中国，如此待人接物，又会如何？

当然，这肯定不是一个问题。

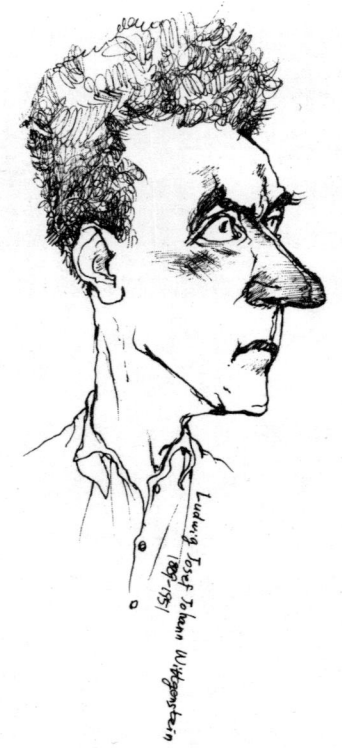

海德格尔的双重人格

MARTIN HEIDEGGER, 1889—1976

海德格尔是公认的 20 世纪最重要的哲学家之一，也是臭名昭著的德国纳粹党人。他以其思想魅力迷倒了前来求学的 18 岁犹太少女阿伦特。这个未来的政治学者，直到晚年仍然依恋于这一段青春的回忆。她带着自己的苦难，并以其影响力为抵押，在二战以后，全力为她的老师做无罪辩护。

阿伦特说，全体德国人都必须为希特勒的罪恶负责。

她对极权主义的政治分析振聋发聩，从理性的角度揭示了人性罪恶的普遍根源。她强调，不要以为一种历史罪恶可以全由攫取权力的疯子来承担，当普通人用沉默去面对之时，其实就是一种认同，已经成为无法逃避的同案犯。

但是，海德格尔可不是认同那么简单。

历史不会忘记，1933 年，海德格尔拒任弗莱堡大学校长之后，就拒绝其恩师、犹太人胡塞尔进入学校。而海德格尔本人正是在这所学校，在哲学教授胡塞尔的教导下成长，并成了他最重要的继承人。1941 年，《存在与时间》再版时，海德格尔删去了胡塞尔对此做出贡献的有关字句。可是，这本奠定他在哲学界地位的著作，1927 年首先就发表在胡塞尔主持的《现象学年鉴》第八卷上。第二年,1928年,海德格尔因此而接替了退休的胡塞尔的哲学教席。

坦率说,这是20世纪最大的思想谜团和情感迷宫。

无法解释。

或许可以在他晦涩的哲学论述中找到若干原因吧。海德格尔指出,哲学自亚里士多德以来就错把人作为关注的中心,从而把存在解释为单向度的个别,并由此而达到一种蔑视自然的技术态度。他强调,存在首先是存在,具有本体论的意义,而我们,人,个别的人,只是存在当中的暂时过客而已。

在他论述存在普遍性的严谨语言中,我嗅到了一股非人的气味。

然而,矛盾的是,在海德格尔内心,他认为拯救此一颓势的只有艺术。至少,人需要诗意的栖居。

这里,艺术大概也不是指个别的作品和个别的艺术家,如贡布里希所言,而是指,一种普遍的存在。

至少,到目前为止,几乎所有自觉往"思想"上靠的研究艺术的人们,都更喜欢这个纳粹主义者、存在论者——双重人

格的海德格尔。贡布里希总是被"思想"冷落。

我想,这是否属于20世纪最大的与艺术有关的悖论?!

胡适的第一个问题

Hu Shi, 1891–1962

胡适的博士论文叫《先秦名学史》，20世纪80年代初出版了中文本。

"名学"是"logic"的意思，这是晚清翻译家严复的译词。严复的译词我们今天弃而不用，这是一例。其他的还有，"evolution"，严译为"天演"，"Economic"为"计学"，现在是"进化"和"经济"。翻查历史知道，这是日本人的译法，用中国旧词翻出了新义。究其实，严译应该更准确。比如，"evolution"译成"进化"，马上陷入"进步主义"的泥坑，直指"社会达尔文主义"。至少在达尔文看来，他只是在研究一种"自然选择"的演变规律而已。

胡适在"导言"中谈到了一个问题：朱熹对"格物致知"的"物"做了一个"事"的解释。这一解释，决定了近代中国哲学的全部走向，以人事为其对象。

胡适的意思，说好听一点，中国哲学，是研究人生的哲学；说不好听一点，中国哲学，是一种"情商"，琢磨着如何与人周旋，搞好人际关系。

后一点是我的猜测，绝对歪批。

胡适还举了一个王阳明的例子。王为了"格物"，对真实的竹子看了七天，最后发现，天下万物是格不完的，只能反求内心以致良知。

以我有限的知识，传统社会，如此落实一种方法论的，至少王阳明之后，没有来者。

胡适是否想说，"格物致知"的"物"，和自然对象没有一点关系？

至少，王阳明的实践说明，我们先人的哲学，从来没有分出一个异于人的主体而存在的纯粹客体，更遑论去研究了。朱熹还想着"究物"与"穷理"，到了王阳明，就变成了"正心"和"良知"了。

比如，我们不会研究光这个客体。要知道，对光的研究，几乎是整个物理学发展的核心，从古典到现代，到今天，不管是叠加态还是量子纠缠，背后都有光的鬼影在晃荡、在徘徊。

我们用一句话——"天人合一"，光的问题就给解决掉了。

胡适一生提出了很多问题,其中有很多至今都在争论之中。关于"格物",是他诸多问题中的第一个。仅凭这第一个问题,胡适就得以不朽。

梁漱溟的人生思想

Liang Shuming，1893–1988

梁漱溟高中毕业，却到北大做教授，讲印度哲学和佛学。"始作俑者"是校长蔡元培。

以蔡元培独特的眼光，他不会看错人。所以，梁漱溟道行一定很深，尽管我们不知道，他讲印度哲学，是否要通梵文之类？不太懂这一行，所以不敢妄言。

但是，要说梁漱溟是个卓尔不群的思想家，却有几分道理。

梁漱溟年轻时，西学正盛，学术话语权大多掌握在有留学背景的人手上，比如留学日本的周氏兄弟，以及留学美国的胡适和冯友兰。他却在那个年代破天荒地宣称，东方文化不仅自成体系，而且，将来必定胜于西方文化。

在那个自我贬抑的年代，梁漱溟的这一声疾呼是需要胆识的。

至今仍然对此有无穷无尽的回响。可哭之？可笑之？可叹之？可弃之？

关键是，此类事在他的一生中不断地上演。

1938年，梁漱溟到延安面见毛泽东，凭着自己多年乡村建设的实践经验，敷辩农民问题。

　　20世纪70年代中期,全国一片"反孔",梁却反潮流,执笔行文为孔学辩护,希望大家能用辩证的眼光看待历史上的文化遗产。

　　更为关键的是,他在数次争论中,其态度总是不亢不卑,进退得当,而又神情诚恳,据理力争,绝不轻言妥协。正面说法是大度,反面说法是顽固。梁漱溟的一生确实是既大度又顽固,既顽固又大度。

　　如此,他竟然还得享天年。

　　想来,梁漱溟的思想,原来是一种人生的思想。

被改造的哲学家冯友兰

FENG YOULAN, 1895–1990

孤陋寡闻,知道冯友兰,是在20世纪70年代的"儒法斗争"运动中。冯老写文章说,他自诚恳接受改造后,思想发生了深刻的变化,从反动的尊孔派,变成了革命的反孔派。那时还粗略读过任继愈的《中国哲学史》,知道中国哲学也是唯物、唯心地斗了几千年。

20世纪80年代初,发现冯友兰的《中国哲学简史》。这是他老人家1946年去美国讲学的英文稿,译成中文。书很好读,流畅、清晰,符合那个年代像我这样对传统哲学基本无知的大学生的阅读需要。

后来,又找到他民国时的成名作《中国哲学史》,影印版,竖排,颇为兴奋。其时刚读完胡适的博士论文《先秦名学史》,对这一领域有点兴趣,于是不辞劳苦也不自量力地读了下来。已经忘了很多,只记得一点,让人纠结。冯友兰说,中国哲学史,以晚清为下限,可分两大段,先秦到董仲舒为一段,此后为另一段。

为什么记得?因为,和罗素《西方哲学史》相比,人家分了很多段,有不少转折,中国却如此简单,就两段。

不过，从百家争鸣到独尊一家，好像就这样两段。

渐渐知道了冯友兰的厉害，在民国时已经名满天下。胡适只写了半部中国哲学史，冯友兰却一直写到晚清，所以，胡适看师弟如此了得，也就不再写了。可见，中国传统哲学这一学科，冯友兰是一个重要的奠基者。

冯友兰长寿，临终前出版了七卷本的《中国哲学史新编》，一直写到新中国成立后，努力写出自我认知。老人家这一辈不容易，尤其是做思想史研究的，留学回国后一而再、再而三地被告知，这个轮不到你来说话。等到可以说话时，已经老了。

末了，提醒一句，台湾劳思光的《新编中国哲学史》，对冯著颇有微词。有兴趣的，不妨找来一阅。

"皮亚杰问题"

JEAN PIAGET, 1896—1980

皮亚杰的问题是：认知结构是如何形成的；认识论的发生，其中起关键作用的究竟是什么？数学思维如何可能？

所以，他去研究儿童的成长了。而他的观察对象就是他的几个孩子。

我很好奇，一个人，既为父亲，投入全部的爱，又是客观研究者，视对象为样本，两者之间，出现冲突，怎么办？

比如，溺爱之心父母皆有。孩子瞎闹、折腾、横蛮，父母心急，情感用事，或无原则满足，或凶神恶煞教训。长此以往，形塑了孩子的性格，让下一代患上无边的心理症，最终影响其一生。

这样的例子，中国还少吗？

皮亚杰在《儿童的道德判断》一书中明确指出，儿童的是非概念是成年人灌输的。

所以，孩子的未来，先由父母来决定，然后由父母所组成的社会决定。

通过实验，皮亚杰发现，大约在10岁到12岁之间，儿童思维会出现一场类似哥白尼式的革命，之后开始具备抽象运演能力。

也就是说,"革命"之后才让孩子去学数学,符合发育的规律。之前就进行过多过重的抽象教育,无异于拔苗助长。

而各种类型的拔苗助长,正在毁掉下一代的思维健康。

回到皮亚杰的问题。经过漫长的研究,他发现人类思维的一个独特现象:一方面,个体的认知演变总是从具体开始;另一方面,认识论的历史却是先抽象后具体。儿童思维的第一步是在混沌的世界中分出我与他,所以,母亲总是婴儿认知中的第一个"他者"。而数学史却告诉我们,先有几何学,再有拓扑学,然后才有黎曼空间几何。纯粹的形状相对抽象,地形、位置与曲面的计算反而具体。

马克思也说过,研究总是从抽象开始的。比如,研究对象是资本主义社会,起点却是抽象的"商品"这一概念。

这里恰恰揭示了一条重要的方法论:从抽象概念入手,最后抵达具体的彼岸。

　　那么，先什么历史上认识论的发展与每一个个体的发育是如此不一致？

　　这的确是一个问题，叫"皮亚杰问题"。

桐城朱光潜的美学遗憾

Zhu GuangQian, 1897–1986

20世纪80年代,因为硕士专业是艺术理论,美学成为必读书。那个时候,把能够找到的朱光潜的美学著作,大致上都过了一遍。掩卷思之,他最重要的翻译是黑格尔的《美学》,最靠谱的介绍是《西方美学史》,最精彩的书是《诗论》,最让人称道的是参考英德法俄四种文字,重新解释马克思《关于费尔巴哈的提纲》,并得出惊人结论,也让他强劲的美学论敌李泽厚不再吭声。

后来,突然醒悟,美学原来是一堆没有结果的文字,因为,谁也没能把美讲清楚过。

于是,不再读美学了,也发现,迷人的美学,说穿了,就是一种美文写作。李泽厚《美的历程》是其中著名的一例。当年让朱光潜出名的《给青年的十二封信》,其实也是一种让青春期审美观得以延长的心灵鸡汤而已。

民国文人能在1949年以后继续有所作为的极少,朱光潜是其中一个。他是20世纪50年代以来中国三家美学流派其中一派的领军人物,尽管声势不如李泽厚来得热烈,唯物主义没有蔡仪那么彻底,但以其翻译的业绩与资历,谁也不敢小瞧这个

来自安徽桐城的美学家。关键是，朱氏美学也是争论之后才逐步形成的。争论成就了他的理论。

不过，一辈子努力，还是没有能够回答，美是什么？

成为朱光潜一个永远的遗憾。

只是，为什么在其他人文学科极度沉寂之时，美学竟会如此热闹？

朱光潜是不会回答的，因为，他没有意识到，这才是问题。

拉康的"镜像"

JACQUES LACAN, 1901—1981

拉康的晦涩众所周知。同样众所周知的是:越是晦涩的表述就越吸引人,因为可以产生无穷无尽的联想;还因为,少有人指责晦涩本身。

在拉康晦涩的表述中,最迷人的大概是"镜像"。

他强调,人的主体认知,从在子宫时就已开始。出生后则要经历痛苦不堪的"二次认同"。因此,子宫就是婴儿期的原始"镜像",并且留下了大脑皮层最初的刻痕。

第一次认同发生在婴儿期,在与父母的交往和碰撞中形成最初的"自我"。然后带着这一"自我"走向社会,在与社会的交往和碰撞中形成第二个"自我"。

经历过这样两次"认同",人已偏离原始主体。或许,通过对子宫记忆的艰难追索与理性辨别,得以唤回这一原始性,抛弃已然定型的"认同",重建符合本我的自我。

这个表述比较危险,偏离了拉康的本意。

不过,我也可以辩解说,所谓"镜像",不仅指原本世界的倒像,也指因不同认知而产生的假象。所以,解释本身也没太偏离拉康晦涩中的某一潜在叙述。

也就是说，当拉康提出"二次认同"以明确人之认知的建构时，我们可以从皮亚杰的角度对此做出发展心理学的解释，也可以从弗洛伊德的角度做出精神分析学的解释。如果按照弗洛伊德的解释，则可能是：因某种生理原因，婴儿在成长中无法摆脱"吮吸期"的习性，所以，进入社会时，在潜意识中往往把社会看成是一只巨大无比的奶嘴，而成长则意味着不间断地去吮吸它、玩弄它、对抗它，一直到绝命的冲突爆发为止。或者，少年时因力比多分泌不平衡，导致本能爱好一直都固置在"肛门期"，从而把社会看成性感而直观的存在，因此也就自然而然地出现了各种可能的变态行为，从而让无止境的冲突形塑了悲剧的一生。

反正，生之痛苦就是了。

所谓"镜像"，就是一种破碎的表象，经由肉身器官而把分离的刺激传递到大脑皮层，日复一日地形成无法回复旧观的深刻印痕，从而塑造出各异的性格，让社会统一的规训产生严重的障碍。所以，惩罚就成为唯一有效的手段！

Jacques Lacan, 1901-1981

这仍然不太符合拉康的本意,只是借他的晦涩而做的无边想象。

不过,也是一种"镜像",与拉康理论有关的"镜像"。

波普的思想魅力

KARL POPPER, 1902–1994

至今仍然不据说已经被冷淡了多年的哲学家波普心怀敬意，仍然不时在阅读他的著作。而且，我得承认，每一次无目的的闲散阅读，总有收获。有时，掩卷沉思，才知道吾辈余下的光阴也只能继续受他的影响，别无选择！

是波普的书唤起了我对"科学为何"的知识热情。他一生敬重爱因斯坦。或许可以这样说，在哲学家中，唯有他最了解这个物理学家内心隐秘的想法。波普的问题是，阿米巴原虫和爱因斯坦有什么区别？他的回答简洁清晰：阿米巴原虫不会认错，而爱因斯坦却一再宣称，如果实验证明他的理论是错的，他将宣布放弃。

我承认，我是从科普读物入手去认识科学的。在漫长的对各种科普读物的研读中，也逐渐可以区分其中的优劣：什么是借科学之名的胡说八道，什么是真正有科学背景的通俗写作。这也包括各种对"科学"这一权威话语的滥用，以及借"科学"之名而行欺世盗名之实的勾当！

我一向以为，把道理讲清楚最难，深入浅出是对智慧的考验，晦涩反而很容易。最容易的是，把一堆翻译过来的名词胡

乱堆砌，再按翻译腔的句型不断重复排列，就足以把人吓死。这样的理论著述，当下中国难道还少吗？

经由波普的方法论，才能准确理解贡布里希"错觉主义艺术"的研究价值。波普曾经这样评价贡布里希的工作：没想到此公把"试错主义"方法运用到解释艺术的发展中而能有如此的成就！

波普这样说的时候，我想他一定记得爱因斯坦对其研究的高度赞誉。

阿伦特洞察真理的三个契机

HANNAH ARENDT, 1906–1975

我总在想,是什么原因让阿伦特洞察到了平庸之恶?

可能有三个契机让她得以完成这一使命。

第一个契机是她18岁时遇到了哲学家海德格尔,这成了羁绊她终生的情感陷阱,即使清楚眼前的思想家是一个纳粹党人,从内心认同国家社会主义信条,绝对不是勉强或被迫。她为此挣扎了一辈子,哪怕思想上有了清晰的结论,却还是拗不过身体本能的反应。

再也没有比肉身更短暂的存在了。这是平庸之恶无成本之载体。

第二个契机是她在逃亡的路上认识了本雅明。两人命运与共,匆忙地行走在危险日益逼近的路上,每日每时具体而微地探测着恐惧的深度,并勇敢地承担起救助者的使命。后来,本雅明多次过境不成,遂在一个漆黑之夜自我了结。战后,阿伦特收集本雅明生前的文章整理结集出版,好让这个本来肯定要消失在历史中的敏感者重新被世人认识。

阿伦特说,身后之名不是平庸者的命运。

第三个契机是她目睹了杀人犯艾希曼在以色列法庭上胆

怯甚至不无懦弱的日常表情。似乎没有理由把眼前这个人和凶残的刽子手联系在一起。而艾希曼的辩护词只有一句：执行命令！

命令肯定是邪恶的，但执行命令是否也属于邪恶？这是对自上而下的运行机制的无情追问。阿伦特明白，在这里，体制成为保证，让平庸之恶得以上升为公开的与大范围的暴行。

所以，我不认为阿伦特的洞察仅仅是一种学术。相反，如果没有这样三个人生的契机，哪怕你读书破了万卷，也无法抵达真理的彼岸。

贡布里希只相信常识

SIR E. H. GOMBRICH, 1909—2001

偶尔读到一篇文章，回忆浙江美术学院 20 世纪 70 年代末的两个天才学生，一个叫林琳，课堂上画变形；一个叫查立，超前钻研西方理论。画变形的林琳 1991 年在纽约街头被枪杀，钻研理论的查立出国后成了风险投资人。

查立读书时就把康定斯基《论艺术的精神》译成了中文。我是他这一译著的其中一个受益者。他立该是那一年代最早钻研抽象主义的学生。后来到英国读书，继续抽象实践，据说获得好评。文章说，在一次他的个展上，著名的贡布里希过来看展，现场问查立：你画的是什么？想表达什么？查立听后颇为震惊，心想，理论大师怎么会问这？于是搪塞说是"玩色彩"。开幕时，画廊请贡布里希发言，贡遂以"玩色彩"为题长篇大论，古今中外，不一而足。查立顿时对艺术失去了信心，从此改行，成为资本操盘手。

这个回忆很有趣。一个相信理论指导实践的年轻艺术家，和人文学者一次偶尔的碰撞，居然会毁掉自己的信心。我觉得，如果贡氏事后知道此事，大概会有所懊悔，不如现场摆出一副指导的架势，说出一连串生涩的概念，好维持权威的力量。但也有可能，彼时年轻人已对艺术失去了兴趣，不如以此为借口，转干能赚大钱的资本勾当。

当然，其中真相如何，还是保持某种怀疑为好。

就事论事，贡氏并没有做错。他一直反对"指导"。他早就提醒我们，艺术家并不需要正确的艺术史。至于艺术现场，他说，只是一场"看我"的竞赛而已。人文学者的兴趣是在知识领域进行探查甚至冒险，与现场必须保持距离。如果今天有机会与查立当面对谈，我想，如此成功的人，不可能还会继续秉持"理论指导实践"的信念。他会对此哑然大笑，一直笑到眼泪流出来为止。

贡布里希有一次回答"什么是研究艺术的方法"时说，他没有方法。他补充说，起钉子用起子，钉钉子用锤子，这就是方法。

当然，贡布里希还是有方法的，只是他拒绝晦涩，拒绝排斥经验的所谓概念。他的目标是把问题讲清楚。他只相信常识。

比如，《艺术与错觉》讲的就是常识。在我看来，以我多年深研此书的个人体会，这是一本教导人们如何去作画的书。你不信吧？这只能说明，你可能还没从常识的角度去理解《艺

术与错觉》。

　　要知道，在这世界上，太多人不相信常识了。贡布里希对此可谓忧心忡忡。

理解贡布里希的一个关键

Sir E. H. Gombrich, 1909—2001

贡布里希说，艺术何以有一部历史，这是治艺术史的首要问题。贡氏的意思是，如果不能解释历史上不同艺术风格的传承，如果不同的表现之间缺乏一种内部的关联，而相异的图式也无法在特定的上下文中构成前后关系，艺术就不能成为一部历史。

正是在这一意义上，反对黑格尔哲学的贡布里希承认，这个宣布哲学将终结于普鲁士帝国的哲学家是第一个真正的艺术史家，因为正是他尝试着把人类历史的不同艺术样式描述为一个逻辑的序列。我们可以反对他的描述，证伪他的序列，但不能去除序列本身。

这似乎有点深奥。仅仅是"风格"一词，就免不了有诸多暧昧的含义。在贡氏的写作中，他常常使用"图式"这一概念来讨论所谓的风格。

当年我阅读贡氏理论时，发现了一个进入他的理论体系的关键。这个关键是：必须把艺术史和艺术教育看成一回事。我的意思是说，如果能够辨明在具体的艺术学习中，后人如何习得前人的技法，如果我们能把个人学画的过程描述清楚，不同艺术风格之间的历史传承也就变得明白晓畅了。

请注意《艺术与错觉》一书的副题：图画再现的心理学研究。贡氏说得很明确，他试图解释一个日常现象：为什么人们普遍接受"栩栩如生"，并视之为"天才"的表现？历史上有很长一段时期，艺术家也是以此为目标的。至少，从欧洲15世纪文艺复兴到19世纪印象主义的修拉，可以看作一场关于谁更能"栩栩如生"的竞争史。每一代画家都以取得比前一代画家更多的"栩栩如生"的描绘而跻身于艺术史中，并建立起自己的地位。

具体案例我就不说了，有兴趣的自己去查找。

我回忆起当年在课堂学习素描和油画的经历，包括其中所碰到的困难，及至阅读贡氏理论时，他的一句话才让我如梦初醒。他说，绘画要向绘画学习！

原来，"纯眼"是不存在的，心灵也绝对不是"白板"一块。所以我们才会见到这样的情景：面对同一对象，学印象派的看到了炫丽的外光，学倪云林的悟到了笔墨的奥妙。

原因是，我们只看见知道的，看不见不知道的。"栩栩如

生"恰恰就是一个关于"知道"的普遍标准,而如何落实这个"栩栩如生",什么样的"栩栩"才能"如生",也就成为考验学画者才能的重大机会。

整整一本《艺术与错觉》,讨论的就是这个。我们莫要给其中的知识含量吓着了,那是一个人文学者在艺术史中自由徜徉的结果,核心原则从来都是清楚的。

心理学家皮亚杰有一句话佐证了贡氏理论,他说:儿童看见一件事物,比把它描绘下来要早许多。

为什么?

麦克卢汉唯一的荣耀是,他被抛弃了

MARSHALL MCLUHAN, 1911—1980

据说,传播学界抛弃麦克卢汉已经很久了。

同样据说,抛弃他的主要原因是,他把传播学变成了预言,把学者变成了先知,还过于洋洋自得,乐此不疲。

在他生前的最后日子里,这个名声在外的学者就已尝到被抛弃的滋味。可能他的确太爱出风头了,所以,斯文的学界不再搭理他,把他的所作所为看成一种广告行为。

在经典传播学中,广告属于受众与效果研究。从社会批判角度看,广告是一门无所不用其极、毫无立场可言的消费推广术,如此而已。

但是,今天全球都在放肆地使用他在 20 世纪 60 年代初所创造的名词,比如,"地球村";又比如,"冷媒介"和"热媒介";再比如,"机器新娘"。

至今为止,谁也无法推翻他的经典结论:媒介是人的延伸。

聪明的学者很快就发现,没有什么不是人的延伸。

凳子是臀部的延伸,抽水马桶是排泄的延伸,厨房是肠胃的延伸,计算机是大脑的延伸,编程是智慧的延伸……

麦克卢汉兴奋地预言说,电子媒介将带来重新口语化、重

Marshall McLuhan
1911~1980

新部落化的"返祖"现实。但他却没有料到,"返祖"尚未开始,电子管控就已彻底锁死了各种偶然的冲动。人正式成为非人!

今天的传播学界,伪问题和假数据漫天飘舞,学术变成了大学流水线上精确输出的批量产品,媒介不仅不再是人的延伸,相反,人成了媒介的延伸。麦克卢汉对此难道还能发言吗?

所以,麦克卢汉被抛弃,这成为他唯一永恒的荣耀!

亲爱的库恩先生，什么是"范式"？

THOMAS SAMUEL KUHN，1922—1996

物理学家库恩一辈子就创造了一个词，叫"范式"，然后他围绕着这个词编织了一套历史的逻辑关系或者逻辑的历史关系，用以描述科学史的突变。

就这个词，让库恩至今都被议论，反对者有之，支持者有之，修正者有之，反正，离不开这个词。

波普把科学的发展认定为一个证伪的过程。比如，牛顿证伪了托勒密的学说，然后爱因斯坦证伪了牛顿的学说。又比如，欧几里得几何学奠定了古典科学的基础，但却被黎曼空间几何学证伪。但是，一直有人质疑，既然如此，为什么至今全世界的中学课本仍然在教授牛顿力学和欧氏几何学？

波普还强调指出，必须用"逼真性"来取代"真理"这一概念。

库恩在做他的物理学理论研究时，也碰到了这个问题。他看清楚的是，显然，后一种理论并没有抛弃前一种理论，而是，正确来说，是包容了前一种理论。比如，在局部范围内，爱因斯坦的相对论可以退化为牛顿力学；在一定条件下，黎曼空间几何可以下降为欧氏平面几何。

他还发现,不仅没有真理,甚至没有逼真性。

对于科学发展来说,只有危机是真实的存在。

那么,引发科学革命的原因是什么?

是原有范式出现了危机,无法应对新的挑战,需要新范式的出现。

而范式之上则是一个共同体。所谓科学,是一个共同体依据一定的范式所建立的具有自洽性质的逻辑体系。一旦范式改变了,旧有的共同体就要散伙,新的共同体必须重建。于是,科学革命就发生了。

这一模式似乎适用于社会领域,纯粹如学术,庞杂如现实,尖锐如制度。

但是,亲爱的库恩先生,什么是"范式"?

他临终都没有回答这个问题。

拉卡托斯的批判姿态

IMRE LAKATOS，1922—1974

匈牙利数学家拉卡托斯早年经历曲折。德国入侵时他是抵抗分子。二战以后他成为坚定的"斯大林分子"。后来参加以卢卡契为首的小圈子，变成"修正主义分子"。1956年参与"匈牙利事件"，苏联人打进来后就逃到了维也纳，然后去英国，在剑桥大学修读哲学。1960年获哲学博士学位，随即到伦敦政治经济学院任教，成为波普的同事。

拉卡托斯在做各种"分子"的时候，最折磨他的其实是一个和数学史有关的问题：什么才是推动数学发展的关键力量？他明白，这是一个哲学问题，而且，和波普的证伪主义有莫大的关系。他们现在居然成了同事。拉卡托斯的惊喜可想而知。

不过，此时波普正遭遇一场严重的理论危机。

波普说，判决性实验的目的是证伪，所以我们认定：（一）被证伪的理论就是要抛弃的理论；（二）只有被证伪的理论才是科学的理论。

波普的观点受到了严厉的批判。事实是，被实验证伪的，往往只是某一理论的某一结论，离这一理论被抛弃还有相当的距离。

而关于科学的边界，一直争论不休，没完没了。

库恩反驳说，不能把科学史理解为一个不断证伪的简单过程。科学是一个共同体，建立在共同的"范式"之上。只要"范式"起作用，科学共同体就能有效地运作。只有当"范式"遇到危机时，科学革命才会到来。科学革命的结果是，"范式"更换，共同体换人。

库恩的理论一出来就大受欢迎，因为解释了波普所无法解释的历史现象。但是，库恩却无法解释何为"范式"。

库恩的成功就是波普的危机。于是，拉卡托斯觉得有必要站出来为波普辩护。他说，必须把科学视为一种研究纲领，它由两部分组成，一是方法论，一是外延。方法论是其核心，外延是其应用。拉卡托斯强调说，研究纲领在遭到证伪时，会做出自觉的反应：抛弃外延，保卫核心。

拉卡托斯最重要的目的是，坚决维护波普的一个重要观点：人只能在错误中学习，而学习最重要的方法就是反驳，从尝试性反驳到最终的证伪，其所体现的正是一种批判性的思维。他说，"心灵白板"是不存在的，所有人，当他开始去认识世界时，大脑皮层已经被塞满了各种世俗成见。因此，必须通过反驳而建立起批判的态度，从而抛弃成见。

推动数学发展的正是这样一种批判性的反驳。

而一个没有批判性思维的人，一个不知反驳为何物的人，只能是行尸走肉。

拉卡托斯看得很清楚，一种理论，只有其方法论被彻底证伪之后，才能退出舞台。从历史来看，理论的失效不可能来自一两次的证伪，而必须来自一连串有效的证伪。只有在其方法论被证伪之后，核心被抛弃，理论才会退场。

拉卡托斯对此有切身体会。他是过来人，所以看得很清楚，哪怕被证伪了一万次，有些理论就是不肯退场，甚至会依仗权力而维持自身的权威，继续洗脑的工作。

不过，波普很固执，他不能接受拉卡托斯善意的解释。据说，波普的态度让拉卡托斯感到困惑。更令人遗憾的是，刚过50岁不久，拉卡托斯就突然离世了。只是，历史已经留下了他的批判姿态。

费耶阿本德的绝望

PAUL FEYERABEND，1924—1994

费耶阿本德一生最后的著作是《征服丰富性》。

他的研究始于导师波普，但却很快走到了波普的对立面，以"反对方法"而著称。但是，如果把费耶阿本德理解为非理性主义者，这并不符合他一生的哲学追求。他是一个理性主义者，他在用理性去摧毁理性，把证伪贯彻到方法论的领域。这一点让波普无法忍受。波普明确指出：证伪本身并不能被证伪。

费耶阿本德说，人类所有的思想都有一种或可称之为"简化"的倾向，总是倾向于认为，纷繁多样的现象是阻碍认识达到真理的主要障碍。所以，认识意味着去除现象、把握本质。全世界不同民族的各种理论，尤其是出现在人类轴心时代、具有开创性意义的思想体系，在这一点上达成了共识，目的就是：征服丰富性。

人类的思想史，就是一部不断征服丰富性的漫长历史。

不知怎么，我从费耶阿本德这一痛心疾首的惊人结论中，嗅到了一股绝望的气息。

科学并不意味着导引人类走向光明。相反，在光明这一假象背后，科学正在毁灭一个属于人的世界。这个世界如此多样

化，如此感情充沛！这个世界属于每一个人，而且，彼此的联结充满了偶然性。

我怀疑费耶阿本德在思想时，他那被苏联军队机枪射出来的子弹打断的脊柱骨正升腾着痛楚，瘫痪的下肢在无法控制的萎缩中一直瑟瑟发抖。

为了理性地思考，他吞下了无数的止痛药，然后写下了对于丰富性的全身心渴望。

我说，这一丰富性，除了艺术，还能是什么？

费耶阿本德对此竟然不置可否。

福柯的肉身研究

MICHEL FOUCAULT, 1926—1984

一直觉得没有完全弄明白法国人福柯,他那些庞杂的理论。不过,多年前得到一本台湾版的福柯的书,一看题目就觉得,即使不明白,也匀道此人非凡,书名叫《临床医学的诞生》。

临床医学,它首先是一种社会制度,然后才是救治的学科。

这岂不是说,疾病,首先是一种现实的定义,然后,才是生理的逸出?比如,对疯癫的认识就经历了漫长的过程,在很长的时间里,它都是一种政治定义而非生理定义。

不信,可以去读一下《疯癫与文明》,论述得很有趣,也很残忍。

在《疯癫与文明》的开始,福柯描述了一场发生在中世纪的公开行刑过程,其中还有不少具有象征意义的仪式细节。我霎时想起了袁崇焕被凌迟,有人细细地写了下来,当中没有任何象征性在,只有割肉,一刀又一刀,整整割了三天……

福柯提醒我们,文明与疯癫是有关系的。我想,他其实想说,疯癫也是文明的一种。

性关系也是社会的产物,而不是肉体的自然结果。弗洛伊德寻找力比多,显得很多余。福柯试图论证说,如果力比多不和社会发生关系，不在现实中产生制度性的冲突，就不会起作用。也就是说，他一举推翻了弗洛伊德的精神分析学。

看着动物园里猴子山上群猴的冲突，发现福柯是对的。猴子就没有人类的那种性关系。

翻过一本福柯的传记，描述了他的生与死。这个法国佬与以往学者最大的不同是，他的学术研究和他的肉身实践血肉相连。标准的学者偶像应该是康德，一生未婚，醒了就工作，不出远门，不泡吧，不胡乱聚会，甚至连散步也如时钟般准时。福柯哪能过那样的生活?! 他要亲身体验，然后才会有灵感，然后才明白真相。

因为，真相和肉身不可分离；因为，最大的真相就是肉身。

福柯晚年在北美过了几年，回欧洲后就病了。他对人神秘地说，他得了一种美丽的病。

有一年夏天我在温哥华看到著名的同性恋大游行，突然想起了福柯和他美丽的病。

不过，即使如此，我还是没有完全弄明白他的学问。其实，这样也挺好的，不求甚解，可以对他保持半无知的好奇。

乔姆斯基的眼神和发丝

Avram Noam Chomsky, 1928–

乔姆斯基的头发像丝带那样飘逸，坚定地瞪着双眼，富有激情地把手伸向了前方，以表达理性的批判和感性的愤怒。

在我胡乱翻书的岁月中，有一次看到本介绍美国语言学的小书，才知道有乔姆斯基此人，书中介绍说，乔姆斯基是语言学的当代权威，是心理学的认知革命当中一个关键的推动者。他提出"普通语法"这一概念，强调语言的先天特征，以及大脑对语言的专项反应。他还提出了一个被称为"乔姆斯基体系"的结构体系，对计算机语言产生了重要的影响。

到此为止，因为其实并不懂语言学。

对乔姆斯基留下深刻印象的是他的社会观点。他至今都是一个积极的左派批判家，以骂美国政府各项政策而出名，尤其是美国的外交政策。他说，美国作为唯一的超级大国，其外交政策和以往所有的超级大国一样，奉行的就是霸道原则。他甚至提出，希望在有生之年能看到小布什和奥巴马被逮捕，被送上国际刑事法庭，接受审判。当然，他知道这是不可能的。

乔姆斯基的批评给他带来了巨大的争议，还惹了不少现实的麻烦，甚至曾经受到极端右翼分子的炸弹威胁。

有人质疑他的社会立场,既然如此强烈地批判美国,为什么还要待在这个国家,做这个国家的大学教授?

看着乔姆斯基的眼神和发丝,他会如何回答?我想,人们已经猜到了。

托夫勒的冲击

ALVIN TOFFLER，1928—2016

今天年轻一代大概不会知道有一种学问叫未来学，有一个著名的未来学家叫托夫勒，他曾经在20世纪80年代风靡全中国，他的书《第三次浪潮》一时之间洛阳纸贵，而其中的预言，竟然塑造了无数仁人志士内心恳切的盼望。

其时，中国就正处在第三次浪潮的冲击之中，正在跃跃欲试地迈进这一次浪潮。

我对他的印象却是《未来的冲击》，1970年出版，在中国台湾率先翻译成中文。

当时的经验是，这本书，没有一个地方读不懂，又没有一个地方读得懂。所谓懂，是其所描述的科技——电信之类，光缆之类，信息之类，好像都能明白；所谓不懂，就是，所讨论的应该是月亮的事，和我们眼下贫穷单调的生活没有什么特别的关系。

正因为这样，所以留下了印象。书中的细节基本上都忘了，但却一直记得当年阅读时的冲击，还很新鲜。

那情形就是，突然之间，莫名其妙，允许你从一间黑房子里探头向外，结果是，一下子被强烈的光线照射得睁不开眼，

要过一段时间以后，才慢慢地适应了过度明亮的天地。

想起顾城最著名的一句诗：黑夜给了我黑色的眼睛，我却用它寻找光明！

就这感觉。

不知何时，这个人居然消失了，连同他那巫师般对未来的预言。

可能是他当年的预言早就过时了，被无情的现实抛弃了。

在一个人工智能的时代，曾经的巫师还有用吗？

托夫勒，你在哪里？

热爱白蚁的威尔逊

EDWARD O. WILSON, 1929–

　　加缪说,自杀是哲学。威尔逊一听就笑了,回应说,自杀是视丘下部和大脑边缘系统失去平衡的结果。加缪的意思是,自杀作为如此决绝的一种人生选择,本身就具有严肃的人文色彩。威尔逊摇头,在他看来,类群进化落实到个体,而自身作为物种的一个延伸,与自然已经形成了固定的匹配关系,个别系统发育不完全,所以才会出现失控,但这不是普遍的现象。至于"人文",安慰而已。加缪甚至极端地说,只有自杀才是问题。威尔逊否定了这一结论,因为统计没有给出相同的结果。人作为物种之一,自杀只占全体的零点零零零几而已。

　　他们根本就无法对话。

　　威尔逊是研究蚁类和蜂类的专家,长期的观察与分类使他确信,作为高度社会化的昆虫类别,进化已经在它们身上打下了利他主义的道德基础,并体现为一种天然的分工,为生存创造了最大的空间。

　　威尔逊甚至热爱,比如白蚁,因为他为其中大公无私的社会化举措感动不已。

　　我怀疑,在威尔逊眼中,人类社会就是蚁蜂社会的升级版。

只是，进化所给予人的高度智慧的一个不容忽视的结果是，个别系统失控所导致的局部失序的现象，正在日益构成一个比哲学还要严重的公共问题。

几乎所有的人文学者都激烈地反对威尔逊的危险看法，但似乎又无法彻底驳倒他的观察与推理。比如，女权主义者知道他的一个结论就火冒三丈。威尔逊说，男女不平等是自然选择的结果，比如，一次射精有数亿精子，只有其中之一可能获得机会，而卵巢28天才创造出一颗卵子……不过，女权主义者也先别生气，有人沿着威尔逊指引的道路继续研究男女生殖系统的差异，发现出现在阴道里的精子战争，其残酷程度并不亚于真正的战争。而在这一场隐藏在身体内部的战争中，其实是女性占有主导地位！

不知道我的这一解释是否准确，大概不完整吧。毕竟对威尔逊和他的学说只是好奇而已。隔行如隔山，还是少说一点为妙。

最后交代一句，威尔逊是一个传统的保守主义者，坚定地维护生物多样性的存在。他痛心疾首地发现，人类正在加速度

地毁掉生物多样性的现实。比如,我们不断地努力去灭绝可爱的白蚁!

我们难道不应该对保守主义者施予同情吗?!

布迪厄的"社会炼金术"

PIERRE BOURDIEU, 1930—2002

社会学家布迪厄是个不受欢迎的"乌鸦嘴",因为他的工作是揭穿骗局。

他发现,资本主义社会存在着一种隐蔽的交换——象征交换。

所谓象征交换,就是用名声去换钱。

当然,他所说的名声,不是"无形资产",而是指名人。比如,艺术家、作家、学者、媒体意见领袖、公共分子,等等。

他说,在资本主义社会,有经济资本家,有象征资本家。经济资本家以金钱计算其财富,像比尔·盖茨和李嘉诚。象征资本家,顾名思义,其财富是象征性的,指的是名声。名声是一种象征性的存在,在市场上有价,可以换成钱。价格高低则与名声大小有关,名声大的价高,反之则低。

这一象征交换,布迪厄称之为"社会炼金术",其特点是"点石成金"。

最典型的莫过于艺术市场。

20世纪50年代中期,西方艺术市场流传的一句名言是:凡是毕加索望过的就是黄金。

你捏过的不是,因为你只是普通人。毕加索不同,他是有定评的艺术家,所以,他随便拿块泥土捏一下,签上大名,就是"伟大的艺术品",可以拿到市场上换大价钱。

布迪厄补充说,象征交换的前提是,如康德所言:审美是纯粹的和非功利性的。艺术必须代表着这样一种审美,象征交换才有可能进行。

换言之就是,艺术无价。

艺术无价,才可能拥有真正的天价。

不过,以我多年观察,这一前提在中国艺术市场有点失效。一方面,我们并不相信真有纯粹的和非功利性的审美式的艺术存在;另一方面,我们却又不断地制造出当代艺术的天价神话。

用布迪厄的"乌鸦嘴"点评中国当下高价的艺术品:不值得。说多一句:小心破产。再说多一句:留不下来。你自己看着办吧。

史景迁的追问

JONATHAN DERMOT SPENCE, 1936—

一个外国人,把中国历史写得生动有趣,其背后的动力,除了我们以为的"学术职业",还有什么?

比如,这个中文名字叫史景迁的美国人。

他写洪秀全,是从造反秀才如何解读西方人从小就熟悉的《圣经》开始的。他惊讶地发现,"天王"一生的事业,除了太平天国,还包括对《圣经》持续不断的改写,要把自己和耶稣的兄弟关系写进去,不达目的,誓不罢休。

这简直就是大逆不道!

他写雍正与曾静,一个是至高无上的皇帝,一个是可怜得无法再可怜的底层读书人,两人根本就是典型的超限,没有任何可比性。可是,雍正为什么要不断居高临下地训诫、教诲、劝导一个粗通文墨的所谓读书人?皇帝想借此收拾人心?可在威严与恐吓之下,人心都躲藏起来了,又如何去收拾?

乾隆一上台,就结束了这场荒唐的游戏,凌迟了读书人,收缴了《大义觉迷录》。什么人心不人心的,朕就是人心!

他写利玛窦,一个带着全套欧洲知识体系来中国的传教士。他为了赢得博学的东方人的青睐,特意编制了一套记忆术送给一个中国官吏,以有益于他三个儿子的科举。但这官吏却说,把记忆术背熟了,和背诵"四书五经"没多大差别。结果,记忆术成为无用之术。

记忆术是体系,背诵却是个人经验。又有谁能领悟其中的差异?

反过来的故事是18世纪的中国人胡若望,虽然信奉了天主教,可他到法国之后,却到处碰壁,蒙受苦难,只是因为其"行为乖张"。史景迁的疑问是,胡若望的行为果然是"乖张"的吗?

最有意思的是《王氏之死》,追溯17世纪山东郯城一个没有名字留下来的妇人王氏的悲剧命运。在女人毫无地位的中国传统社会,王氏居然让她的男人戴了绿帽子。结果可想而知,给撵出了家门。后来,王氏无奈地回来了,哀求前夫收留,也给留了下来。最后的结局是,王氏和她男人大吵一架,然后被打死了。于是官司就到了县衙门,也因此留下了一份有事情原委的口供。

史景迁在想,王氏绝望之中的心境究竟如何?他机智地把

小说家蒲松龄《聊斋》中的梦移给了这个可怜的女人,以便重组她内心的情欲与幻想。

很少有中国历史学家会关心一个无名妇人的悲剧命运,更不可能把文学名著作为心理材料去尝试挖掘她的内心世界。

显然,史景迁不是善于讲故事那么简单。他对中国历史的追问,也不能仅仅理解为一个西方人的好奇。内中的深意,颇值得我们玩味。

戴蒙德的眼神穿越了一万五千年

JARED DIAMOND, 1937–

1532年11月16日,西班牙殖民者皮萨罗总督率领62名骑兵、106名步兵,经过一次果断而绝望的冲锋,居然把率领8万士兵、刚在内战中取得决定性胜利的印加帝国皇帝阿塔瓦尔帕彻底击溃,并生俘了皇帝本人。今天看,西班牙人的胜利靠的是马匹、钢制盔甲、长刀与匕首,以及十几支操作麻烦的火绳枪;靠的是他们在欧洲已经习惯了的谋略和冒险。印加士兵却只会步行,武器是石头、棍棒和短柄斧头,以及护身软垫。与狡诈残忍的欧洲人相比,他们头脑简单,只相信眼前所见。那一场战斗完全不可想象,是一边倒的毫无悬念的屠杀。

不过,战场上的胜利只是表象,征服美洲大陆的其实是欧洲人带去的天花,比殖民速度还要快地杀死了难以计数的本地土著。

对此,戴蒙德的问题是,为什么是欧洲人征服了美洲大陆?

因为欧洲人先进,有钢铁、病菌和枪炮。那么,先进与落后究竟表现在哪些地方,有什么样的特征,以及如何达成?

为了回答这一问题,戴蒙德的眼神穿越了一万五千年,从物质的角度,而不是我们所习惯的精神角度,描述了人类进化当中所发生的各种灭绝其他生命与物种类别的漫长的征服过程。

比如农业,我们多关心种植和驯化,却少去追问初始原因。戴蒙德说,因为人的肠胃不能消化地球上绝大多数的植物,所以,培育可消化的农作物就成为发展的必需。其中,水稻和麦子是两大重要品种,解决了人类对于碳水化合物的严重依赖。同样,地球上绝大多数生物因各种原因不能食用,因此,驯化和饲养牛、羊、马、猪、鸡、鸭就成为进化的提前。驯化了的动物提供了征服用的战力,耕种用的畜力,肥田用的粪便,以及足够量的奶蛋白和脂肪。

于是,人类就有了不同的存在模式:基于水稻的与基于麦子的,基于奶蛋白的与基于脂肪的。人类因此而有了水稻生活形态与麦子生活形态,奶蛋白思维与脂肪思维。然后,他们之间时常爆发大规模的战争,彼此杀个没完没了。

只有可怜的印加帝国的皇帝和臣民,他们没有水稻与麦子,没有牛、羊、马、猪、鸡、鸭,没有钢铁,没有病菌。因此,他们注定要被毁灭。

原来，唯物主义的历史是这样给书写出来的。

戴蒙德教授，请问，除了物质，人类还有别的出路吗？

杨小彦，1957年生于南粤。1973年下乡做知青。本科学习油画，研究生学艺术史，博士学建筑史。曾担任岭南美术出版社常务副社长，《画廊》杂志主编。现为中山大学传播学院、艺术学院教授，博士生导师，研究方向为视觉传播学、艺术理论。平生喜作画，油画、水墨均长之，尤喜漫画和肖像，多年实践颇有心得。

后记　　　　　　　　　　我读过他们的脸

突然想起20世纪70年代末，看一部日本电影，叫《追捕》。所有那个年代过来的人一说起这电影，都会"哦"地一声。因为熟悉，因为马上想起硬汉高仓健和美女真由美，以及那个被药弄傻了的横路。

电影是从"就是他"这三个字开始的。

一个陌生女人，衣着入时，突然跳出来，对着检察官杜丘，也就是硬汉高仓健，大声说："就是他！"然后，悲剧开始，心跳加速，并停止在杜丘的病房里！他正顺从地吞下"阻断神经剂"——一种可怕的白色药粉。谁知道这硬汉居然把手指伸进自己的咽喉深处，不断地去抠，一直抠到呕吐为止，把药给吐了出来！自然，现在知道，这是典型的瞎编。

最后，让人兴奋的镜头出现了：杜丘从高楼上转过身，对着凶手冷冷地说："唐卡就是这样跳下去的！""你也跳下去吧！"

"就是他"代表了一种不可磨灭的印象，代表了失忆之后硕果仅存的记忆。

2000年后，我待在闲散的温哥华。一天夜晚，睡梦中，突然被一声"就是他"的尖利声吵醒。许多曾经从书本上接触过的人,他们的脸,居然一一在眼前浮现。于是,我翻身起床,拿起钢笔,开始画漫画,画一张,写几百字;再画一张,再写几百字。断断续续地,居然又画又写地过了几年,手头积累了一批纸本作品。

都是我曾经读过的脸,以及曾经的阅读经验。所画的不是历史,所写的不是精确的研究,所记的或许还有错误。这里的文字,只是一种个人分析,一种个人认知,以及,一种个人议论。

2004年开始,我任职于中山大学传播与设计学院,这一工作也就停顿了下来,画与文放在一边,一放就是十几年。2020年春节去温哥华陪伴家人,一场空前的疫情让全球陷入互相封锁之中,我因此也不得不滞留北美,时间长达10个月之久,直到年底才有机会返回广州。正是在这一段空闲的时间中,我有机会得以重审过去之所画与所写,并开始新的描绘和写作,同时适时发在微信的朋友圈中,得到了些许还算良好的回应。本书就是在这一基础上挑选并编辑成册的,算是对过往岁月的一种有趣纪念吧。

画是随性的,也是认真的,造型上体现了本科在广州美院油画系读书时所受到的专业训练。不过,这只是一方面。仅仅有油画系的训练,不足以画出眼下各有性格的群像。我之所为,更多来自研读贡布里希《艺术与错觉》的体会,尤其是其中他对于艺术图式的分析,对于漫画的研究,以及对于再现和表现之关系的探讨。

关于绘画的图式,关于所见与所知的关系,关于绘画的试错法,贡布里希指出:"为什么再现要有一个历史;为什么人类为此竟然花费了那么长的时间才能似乎可信地描绘出一些视觉效果,从而创造出看起来栩栩如生的错觉;为什么像力求忠实于自己视觉的约翰·康斯特布尔那样一些艺术家,仍然不得不承认一切艺术一时一刻也不能摆脱程式,或是摆脱康斯特布尔所谓的'手法'。""把事物被再现的样子跟事物被'看见'的样子等同起来,这就必然把人引入歧途。""……我们已经看到,不管是哪一种风格,艺术家都不得不依靠一整套形状的语汇,而艺术家是否老练也就在于是否熟悉这套语汇,而不是是否熟悉事物。"因此,"在发现事物形象的过程中,更重要的因素是若干绘画效果的发明,而不是对自然的认真观察"。在这里,贡布里希令人信服地推翻了世人对于"写生"的迷信,证明绘画也是一种理性的结果。至少,在表现之前,我们必须先期地了解有关的"语汇",否则,表现就会成为无根之木,无源之水。那么,作为绘画,其工作原理究竟有些什么样的特征?贡布里希论证说:"我们心中的归档系统的工作方式跟科学中的度量系统是不太相同的。客观上的不相同的事物能使我们觉得相当近似,而客观上相当近似的事物又能使我们觉得截然不同。要想发现这一点就得通过试错法,换句话说,通过绘画。"[1]

原来绘画有如此神奇的认知功能。

我想强调的是,这里所引用的贡布里希的话颇值得每一个画者深思熟虑。我承认,我正是按照他之所言去实践的。今天,我们的艺术界已经不太热衷于讨论这些个基本的观点了,我想原因恐怕是,多数从事理论的人缺少真实的绘画实践,而从事

---

[1] 转引自上海音乐学院音乐研究所汪启璋、顾连理、吴佩华编译,钱仁康校订《外国音乐辞典》,上海音乐出版社1988年版,第369页。

实践的人则愿意去倾听、去编造更玄妙的解释，而不愿自揭老底。

我之实践，大概算一种自揭老底的游戏吧。

最后，我要特别感谢文化艺术出版社的杨斌社长，正是他第一个主动与我联系，希望能够在他这里出版这本有趣的小书。在他的催促之下，我回来后，在投入教学的繁忙之中，对画作与文字进行了认真的编辑，使本书得以成型。我也要感谢我的责任编辑王奕丹女士，她的认真与负责给我留下了深刻的印象。

为本书写序的陈剑澜教授是我多年的朋友，我在学术上曾得益于他许多，现在又得到他的赞许，让我不胜感激。我多年合作的年轻朋友胡斌馆长对这一作品也有所体认，并唤起他对个人阅读史的思念，写下了若干的感受。对此，我一并附在书中，以存同道之谊。

或许，在这方面于我只是一个开始，类似的实践，我想我会继续进行，并会分裂出其他手法的画作。

老彦 2021 年 4 月 28 日、5 月 10 日，补充并记之，广州祈福

图书在版编目（CIP）数据

我读过他们的脸 / 杨小彦著. —北京：文化艺术出版社，2021.12
ISBN 978-7-5039-7145-7

Ⅰ.①我… Ⅱ.①杨… Ⅲ.①随笔—作品集—中国—当代 Ⅳ.①I267.1

中国版本图书馆CIP数据核字（2021）第225659号

我读过他们的脸

著 / 绘者	杨小彦
责任编辑	王奕丹
责任校对	董 斌
书籍设计	李 响
出版发行	文化艺术出版社
地　　址	北京市东城区东四八条52号（100700）
网　　址	www.caaph.com
电子邮箱	s@caaph.com
电　　话	（010）84057666（总编室）　84057667（办公室） 　　　　　84057696—84057699（发行部）
传　　真	（010）84057660（总编室）　84057670（办公室） 　　　　　84057690（发行部）
经　　销	新华书店
印　　刷	国英印务有限公司
版　　次	2022年4月第1版
印　　次	2022年4月第1次印刷
开　　本	880毫米×1230毫米　1/32
印　　张	10
字　　数	180千字
书　　号	ISBN 978-7-5039-7145-7
定　　价	68.00元

版权所有，侵权必究。如有印装错误，随时调换。